Cette édition des Contes et Légendes de la naissance de Rome *est une version adaptée pour les jeunes lecteurs d'aujourd'hui.*

FRANÇOIS SAUTEREAU

CONTES ET LÉGENDES DE LA NAISSANCE DE ROME

D'après les *Antiquités romaines*

de Denys d'Halicarnasse

Illustrations de Fred Jacquet

Nathan

Albe
la blanche
était une
cité grande
et fière.

NUMITOR ET AMULIUS

1

ALBE la blanche était une cité grande et fière. Elle le devait sans doute à la vaillance de ses habitants, mais aussi à la grande sagesse de son roi, Procas. Pendant son règne, il n'avait cessé de rendre justice avec équité[1], ne s'arrêtant ni à la richesse ni à la pauvreté, mais traitant chacun avec une égale bienveillance.

Ce roi avait deux fils. Numitor était l'aîné. Doux, calme, pacifique, comme

1. Équité, *n. f.* : notion d'égalité et de justice entre toutes les personnes.

Amulius se moquait de son frère.

son père il aimait la justice et faisait la joie du souverain. Quant au cadet, Amulius, en tout point il se montrait l'opposé. Orgueilleux, capricieux, violent à l'excès dès qu'il n'obtenait pas raison, ambitieux, sachant utiliser la ruse, il était sujet d'inquiétude pour le vieux Procas.

Tant que les deux princes ne furent que des enfants, le monarque parvint à arbitrer[1] leurs querelles avec humour et tendresse. Mais il était clair qu'Amulius se souciait peu de la douceur et de la sagesse de son frère aîné, et qu'à l'occasion il s'en moquait ouvertement. Il allait même jusqu'à inventer des taquineries qui, lorsqu'il gagna quelques années, prirent le visage de la haine. Chaque fois que sa méchanceté lui

---

1. Arbitrer, *v. tr.* : intervenir pour régler une dispute.

valait un sermon[1], il criait à qui voulait l'entendre, en parlant de Numitor :

– C'est un sot et un mou. Un jour viendra où il n'aura plus de père pour lui donner perpétuellement raison contre moi. Alors, je me vengerai une fois pour toutes.

C'est un sot et un mou.

Les années passèrent.

Le roi, devenu très âgé, voyait s'approcher le jour où il devrait régler sa succession. Il connaissait trop ses enfants pour ne pas savoir que, hors de sa présence, la bonté de l'aîné risquait d'être victime de la méchanceté du second. Mais l'affaire était si délicate qu'il différait[2] chaque jour sa décision, s'en remettant[3] aux dieux ou au destin.

1. Sermon, *n. m.* : discours de reproches, réprimande.

2. Différer, *v. tr.* : retarder, repousser.

3. S'en remettre à : faire confiance à quelqu'un.

Que veux-tu ? La royauté, ou les biens ?

Quand il sut que sa fin était proche, Procas appela ses deux fils à son chevet et leur dit :

– Mes enfants, je suis prêt pour le grand voyage qui me conduira chez nos ancêtres. Mais avant de partir, pour votre bonheur et celui d'Albe, je dois m'assurer d'une chose :

– Promettez-moi de ne pas vous disputer l'héritage. Vous en ferez deux parts égales : à toi Amulius reviendra le partage, et à toi Numitor reviendra le choix.

Les deux frères promirent solennellement de respecter la volonté du roi et Procas put s'en aller en paix.

Quand les honneurs funèbres[1] eurent été rendus au roi défunt[2] et que les jours

1. Honneurs funèbres : cérémonic célébrée en hommage à un mort.

2. Défunt, *adj.* : mort.

de deuil se furent écoulés, Amulius et Numitor se rencontrèrent au palais pour décider de la succession.

– J'ai longuement réfléchi, dit Amulius. Tu sais que me revient le partage. Voici donc ce que je te propose : l'un de nous deux obtiendra le pouvoir et la couronne royale ; l'autre possédera les biens. À toi maintenant de choisir. Que veux-tu ? La royauté, ou les biens ?

Numitor demanda un délai de réflexion, au bout duquel il répondit :

– J'accepte ton partage. Qui d'autre que le fils aîné de Procas pourrait lui succéder sur le trône ? Mon choix sera donc la royauté.

Amulius parut satisfait de cette décision. Il savait que le titre de monarque n'était que peu de chose s'il ne reposait pas sur de réelles possessions. Et les possessions, c'était à lui qu'elles revenaient désormais.

Cependant, Numitor ajouta :

– Amulius, mon frère, utilisons ce temps d'épreuve[1] pour nous rapprocher l'un de l'autre. Je suis le roi, tu restes prince. Ne soyons pas ennemis. Je t'en conjure, demeure avec moi et gouvernons ensemble !

Amulius s'inclina devant son frère aîné avec un sourire qui ne présageait rien de bon.

C'est ainsi que Numitor régna sur Albe, et il y eut de grandes festivités pour saluer l'événement. Dans les premiers temps de son règne, le jeune souverain eut bien des sujets de satisfaction. Une fille lui naquit, on l'appela

1. Épreuve, *n. f.* : malheur, peine.

Il y eut
de grandes
festivités
pour saluer
l'événement.

Rhéa Silvia. Quant à Amulius, il eut également une fille, nommée Anto. Ces deux cousines, vivant avec leurs parents dans le même palais, devinrent plus unies que deux sœurs.

Puis l'épouse de Numitor mit au monde un garçon. On voyait en lui le prince héritier, le futur roi de la cité, et il grandit en étant l'objet de grands soins.

C'est alors que la haine d'Amulius, qui semblait éteinte pour toujours, se réveilla. Il ne pouvait dominer la jalousie qui le rongeait. Cela lui était insupportable d'imaginer le jeune prince prendre un jour la place de Numitor, place qu'il convoitait[1] lui-même en attendant patiem-

1. Convoiter, *v. tr.* : désirer avec avidité, avec grande envie, ce qui appartient à un autre.

ment son heure. Peut-être que ce prince, devenu roi, lui demanderait alors des comptes sur son partage !

Aussi résolut-il de s'en débarrasser.

Quand le jeune fils de Numitor fut en âge de porter les armes, Amulius se proposa de l'emmener le plus souvent possible dans les forêts environnantes pour chasser ou guerroyer. Numitor ne voyait aucun mal à cela, et il se réjouissait de voir son fils prendre de l'expérience. Mais il ignorait qu'Amulius conduisait toujours le jeune garçon dans les lieux les plus dangereux avec l'espoir de le laisser s'avancer dans un piège fatal[1].

Un jour, dans une forêt plus sombre que les autres...

Un jour, dans une forêt plus sombre que les autres, eut lieu une terrible chasse. Contre les loups affamés par

1. Fatal, *adj.* : mortel.

Beaucoup périrent au milieu d'une sanglante mêlée.

l'hiver, les hommes combattirent avec vaillance, mais n'eurent pas le dessus et beaucoup périrent au milieu d'une sanglante mêlée. Il n'y avait plus personne pour protéger le fils du roi.

On le retrouva à terre, inanimé, atrocement mutilé par les crocs des redoutables bêtes. Les rescapés, Amulius en tête, le reconduisirent lentement à la cité sur une civière confectionnée de feuilles et de branchages.

Aucune médecine, aucune divinité ne purent rendre la vie au fils du roi. Il fut pleuré par tous et conduit vers sa dernière demeure[1], au grand désespoir de Numitor. Ainsi Amulius put-il croire un moment que la chance était en train de lui sourire. C'était sans compter sur

1. Dernière demeure : tombeau.

la balance du destin[1] qui, plus puissante que les dieux eux-mêmes, du haut de l'Olympe, réglait l'histoire des hommes.

1. Destin, *n. m.* : ce qui doit nécessairement arriver dans la vie d'un homme.

HISTOIRE D'UNE VESTALE

2

DANS la cité d'Albe brûlait un feu qui ne devait jamais s'éteindre. Il était consacré[1] à Vesta, la déesse du foyer domestique, et flamboyait sur un autel au milieu de son temple. Les citoyens l'adoraient[2]. Ils étaient persuadés que si la flamme expirait, ce serait pour leur plus grand malheur. Et lorsque par malchance cela arrivait, ce qui était extrêmement rare, c'était un grand deuil pour toute la cité.

---

1. Consacrer, *v. tr.* : rendre sacré en dédiant à un dieu.
2. Adorer, *v. tr.* : rendre un culte à un dieu.

Rhéa Silvia fut invitée par son oncle Amulius.

Quatre jeunes filles issues des plus nobles familles se relayaient sans trêve pour entretenir la flamme sacrée. C'étaient les Vestales. Elles acceptaient cette lourde responsabilité avec joie, car elles étaient vénérées et leur présence portait bonheur. Mais bien sûr, si le feu mourait, la responsable de cette négligence encourait[1] un châtiment terrible. En outre, les Vestales n'avaient pas le droit de se marier ni d'avoir d'enfants.

Un jour Rhéa Silvia, fille de Numitor, qui venait d'avoir dix ans, fut invitée par son oncle Amulius. Celui-ci était devenu le véritable maître d'Albe, car il usait de sa fortune pour s'attirer toutes sortes d'aides et de faveurs. Numitor lui-même, qui était pourtant le roi en titre,

1. Encourir, *v. tr.* : risquer, s'exposer à.

n'osait plus rien décider sans l'accord de son frère cadet.

Amulius prit la parole :

– Silvia, tu es une fille droite et sincère. Vraiment Numitor a bien de la chance d'avoir une telle enfant. C'est pourquoi tu mérites une récompense, et celle que je vais te proposer est la plus belle d'entre toutes : je te nomme Vestale !

Silvia bondit de joie et remercia son oncle. Elle était trop jeune pour comprendre que cet homme avide et jaloux souhaitait éviter toute descendance à Numitor. Son désir de ravir le trône ne l'avait pas quitté. Sa propre fille Anto, apprenant que Silvia venait d'être faite Vestale, courut jusqu'à lui en criant :

– Mon père ! Mon père !

– Que se passe-t-il, Anto ? s'étonna-t-il. Te voilà en pleine effervescence !

Que se passe-t-il, Anto ?

– Mon père ! Je viens d'apprendre que Rhéa Silvia est devenue Vestale ! Moi aussi, je voudrais avoir l'honneur de veiller sur le feu sacré de la cité ! Et puis, je ne veux pas quitter Silvia. C'est ma cousine !

Amulius serra sa fille contre lui et lui répondit doucement :

– Ce n'est pas ta destinée, ma chère enfant. Plus tard, tu épouseras un jeune et beau prince, et tu auras un fils qui deviendra roi d'Albe ! N'est-ce pas un merveilleux projet ? D'ailleurs, qui te parle d'abandonner Silvia ? En dehors des heures qu'elle consacrera à sa tâche sacrée, vous serez libres de vous voir comme avant.

En ce temps-là, même chez les princes, il n'était pas d'usage de discuter les décisions des parents. Anto s'en alla un peu triste, mais pas pour longtemps. En effet, la charge sacrée de Silvia ne lui prenait pas tout son temps, et les deux cousines purent encore passer de longues heures ensemble. C'est ainsi qu'elles grandirent et devinrent deux belles jeunes filles.

Rhéa Silvia est devenue Vestale !

Un jour, la princesse Silvia, avant de prendre son service auprès du feu de la déesse, alla en forêt chercher de l'eau à la source sacrée connue des seules Vestales. Au moment où elle allait se baisser pour puiser l'eau, elle vit devant elle un jeune guerrier qui ne cessa de la contempler tout le temps que la cruche se remplissait.

Elle ne lui dit pas un mot, et lui non plus ne parla pas. Mais Silvia s'en retourna toute troublée. Cet homme ressemblait au dieu Mars. Arrivée à la cité, elle en parla à Anto pour qui elle

n'avait pas de secret. Le lendemain, elle se rendit au même lieu, et le guerrier apparut comme par enchantement.

« C'est vraiment le dieu Mars en personne ! » se dit-elle, encore plus troublée que la veille.

Chaque fois qu'elle dut aller à la source elle le rencontra. Il donnait l'impression de ne jamais quitter l'endroit, ou alors apparaissait-il comme une vision, chaque fois qu'il le désirait.

Un jour, le jeune homme engagea la conversation. Silvia le trouvait si beau qu'elle n'avait pas le courage de lui refuser une parole. Aussi, au fil des jours, la Vestale et le dieu Mars prirent-ils l'habitude de se rencontrer et de se tenir compagnie. Silvia trouvait cela agréable. Dans ses rêves, il lui arrivait d'épouser l'homme de la source.

Il semblait bien que le dieu Mars eût la même idée. Parfois les dieux revêtent l'apparence humaine pour goûter la vie des simples hommes. C'est du moins ce que l'on disait en Albe. Et Mars commença à parler de mariage à la jeune Vestale.

– Hélas, je ne peux accepter, répondit tristement Silvia. Si j'étais libre, mon cœur vous reviendrait sans délai tant je vous aime ! Mais je suis Vestale, et je n'ai le droit d'épouser quiconque.

– C'est bien regrettable, dit Mars. Ne pouvez-vous transférer[1] votre charge sur l'une de vos parentes ?

– Non. Ce n'est pas la coutume. Si le prince Amulius l'apprenait, il entrerait

1. Transférer, *v. tr.* : donner un bien ou une fonction à une autre personne.

dans une violente colère et me tuerait !

– Qui donc est cet Amulius, pour s'opposer à notre amour ? Il va falloir que je considère de plus près cette question.

L'homme-dieu revint à la source.

Et il disparut.

Silvia craignait de l'avoir vexé et s'attendait à ne plus jamais le revoir. Elle en était à la fois soulagée et malheureuse. C'était une torture pour elle, car elle vivait deux situations à la fois plaisantes et totalement incompatibles[1].

Mais l'homme-dieu revint à la source. Et il était si beau aux yeux de Silvia qu'elle ne put le repousser. Ainsi s'épousèrent-ils en secret, loin des hommes. Dans la cité d'Albe vivait désormais une Vestale qui connaissait l'amour.

---

1. Incompatible, *adj.* : qui ne peut être associé à autre chose.

Les semaines passèrent. Peu à peu le visage de Silvia perdit de sa gaieté. Elle semblait de plus en plus malheureuse. Il lui arrivait de pleurer apparemment sans raison. Même pendant son office[1], elle sanglotait à chaudes larmes, et aux questions que lui posaient les autres Vestales, elle ne pouvait fournir aucune explication.

Un jour, elle se jeta dans les bras d'Anto sa cousine et lui dit :

– Anto, j'ai épousé en secret le dieu Mars, qui me rencontre si souvent à la source. Et maintenant, j'attends un enfant !

Anto eut un regard épouvanté.

– Ma pauvre Silvia ! Sais-tu bien dans quelle affaire tu t'es laissé entraîner ?

---

1. Office, *n. m. et f.* : fonction religieuse.

Connais-tu le châtiment qui t'attend ?

Silvia pleura tout un jour et toute une nuit. Elle était si fatiguée que, pendant son office de Vestale, elle s'endormit, laissant le feu sans surveillance.

Des cris la réveillèrent. Une fillette qu'elle initiait aux devoirs sacrés, et qui la secondait de temps à autre dans son office, était en train de hurler :

– Princesse ! Princesse ! Le feu s'éteint ! Princesse ! Le feu va mourir !

– Vite ! Du bois ! s'écria Silvia en s'arrachant à la torpeur qui l'avait envahie.

Et elles s'activèrent autour des cendres. Dans leur précipitation, elles étouffèrent les dernières braises avec des branches trop lourdes.

Le feu ne reprenait pas.

Le feu de Vesta était mort.

Alors Amulius parut, comme s'il

avait toujours attendu cet instant qui lui permettrait de mettre un point final à la descendance de son frère Numitor. Il entra dans une violente colère et dit :

– Ainsi donc, on m'avait bien renseigné. Tu as manqué à ton serment de Vestale. Tu t'es mariée et tu attends un enfant. Ne vois rien d'autre dans ce feu éteint que la punition des dieux qui va s'étendre sur toute la cité. Mais cette punition te touchera la première. Sache que toute Vestale qui manque à son devoir doit être enfermée dans un cachot, et que l'on en mure la porte à jamais, afin qu'Albe puisse l'oublier !

Princesse ! Le feu va mourir !

Et Amulius donna immédiatement des ordres dans ce sens.

La désolation se répandit sur toute la cité. On annonçait des cataclysmes ou des guerres à venir. Nul ne savait ce

que la princesse Silvia était devenue. Anto, cependant, s'en doutait. Elle implora son père de gracier sa cousine, mais celui-ci se montra intraitable.

Malgré ses pleurs et ses supplications, Anto vit les maçons élever un mur de pierre à l'entrée du cachot. À l'intérieur, Rhéa Silvia, fille de Numitor, princesse d'Albe, s'allongea, ferma les yeux, attendant la mort.

Pour rallumer le feu de Vesta, on disposait d'un miroir sacré qui concentrait sur le foyer les rayons du soleil au cours d'une cérémonie. L'entreprise pouvait durer longtemps. Mais ce jour-là, les dieux furent favorables et le feu se ralluma très rapidement.

Grande fut la joie des habitants de la cité. La déesse était apaisée. Les dieux accordaient leur grâce. Peut-être même reconnaissaient-ils que la malheureuse Vestale n'était pas aussi coupable qu'il y paraissait.

Profitant de ce que tout le monde courait vers le temple avec des cris de joie, Anto se rendit au lugubre cachot. Elle fit desceller le mur et sauva Silvia. Puis le mur fut rebâti et la princesse cachée dans une chambre secrète du palais.

Amulius ne tarda pas à découvrir le stratagème. Mais il ne pouvait plus rien faire : il était obligé de reconnaître que les dieux avaient sauvé la fille de Numitor.

Sur la rive,
un homme
se tenait
debout…

ROMULUS ET RÉMUS

3

Le Tibre était en crue cette année-là, une crue terrible, telle qu'on n'en avait pas connu depuis très longtemps. Il avait débordé jusqu'au pied du mont Palatin. Sur la rive, un homme se tenait debout, portant un grand panier d'osier, et ce qu'il avait ordre d'accomplir faisait de lui l'homme le plus malheureux de toute la terre.

Dans le panier dormaient deux bébés âgés de quelques jours. Ces deux bébés, les plus innocents du monde, étaient condamnés à mort. Ils n'avaient certes pas eu le temps de commettre beaucoup de crimes. Ils étaient simplement coupables d'être les enfants d'une Vestale. La princesse Rhéa Silvia avait en effet donné le jour à des jumeaux.

Malheur à qui s'opposait à sa volonté !

Celui qui était capable de condamner à mort deux bébés était le prince Amulius, frère du roi. Depuis longtemps il tenait les rênes[1] du pouvoir, et non sans cruauté. Tout se décidait et s'accomplissait par lui. Malheur à qui s'opposait à sa volonté, petit ou grand ! Il encourait la mort. Et le peuple d'Albe gémissait sous le joug[2], priant en grand secret les dieux des ancêtres pour être délivrés du tyran.

Silvia, la Vestale qui avait osé braver Amulius, s'était échappée de ses griffes, mais sa descendance en aucune

1. Tenir les rênes : diriger.

2. Joug, *n. m.* : domination, contrainte qui pèse lourdement.

façon ne devait avoir la même chance. Et le malheureux serviteur était là, le panier sous son bras, chargé d'exécuter la sentence[1] sans différer, sous peine d'avoir à subir le même châtiment.

Petit ou grand, il encourait la mort.

Le pauvre homme avait longtemps réfléchi à la manière de tuer les jumeaux, mais il n'avait pu se résoudre à faire couler le sang de sa propre main. Aussi espérait-il en la furie du fleuve ou la férocité des loups qui ne rôdaient jamais loin de la ville, en ce temps-là.

« Après tout, se disait-il, si les dieux veulent exercer leur clémence[2], il faut bien que je leur en laisse le moyen. Et s'ils ont ordonné la mort de ces enfants, qu'ils accomplissent eux-mêmes le

1. Sentence, *n. f.* : jugement rendu.

2. Clémence, *n. f.* : bonté.

geste fatal. Il y a là tout ce qu'il faut et même davantage. »

Il se pencha et déposa les nourrissons dans le courant, puis regarda. N'importe quel cours d'eau aurait englouti le panier dans la minute qui suit. Mais pas celui-là. L'habitacle tournoya dangereusement au milieu du lit du fleuve, puis s'échoua et se renversa sur l'autre rive. Là, quelques loups voraces furent bientôt alertés et commencèrent à s'intéresser à son sort. Ils allaient et venaient en reniflant autour du panier et se léchaient les babines.

– Je peux considérer que l'affaire est faite, dit l'homme en se détournant avec chagrin.

Il refusait de connaître en détail la sentence des dieux et partit rendre compte à son maître, Amulius, l'assurant que les jumeaux avaient péri.

Il ne vit donc pas s'approcher des enfants une grande louve, sans doute mère depuis peu car elle portait de grosses mamelles.

Elle chassa les rôdeurs et rendit visite aux nouveau-nés qui vagissaient[1] de toutes leurs forces. Les léchant, elle les nettoya de la boue dont ils étaient maculés[2], puis à leurs bouches affamées présenta ses tétines.

Sur cette rive du Tibre, des bergers faisaient paître leurs troupeaux. L'un d'eux, d'abord effrayé par la louve, s'étonna bientôt de la tendresse de l'animal à l'égard des enfants. Il alla chercher les autres gardiens, et tous virent avec étonnement la bête emporter les bébés et les

---

1. Vagir, *v. tr.* : pousser des cris.

2. Maculer, *v. tr.* : couvrir de taches, salir.

entourer d'affection, comme s'il s'agissait de ses propres petits.

Quand la louve les eut déposés dans la forêt, près d'une source sacrée, les bergers la laissèrent s'éloigner et se saisirent des nouveau-nés, persuadés qu'ils descendaient des dieux pour avoir mérité pareil traitement. Ils décidèrent de les confier à l'un d'entre eux, qu'ils considéraient comme sage, un dénommé Faustulus, porcher[1] d'Amulius.

Ils les appelèrent Romulus et Rémus.

– Faustulus ! Donne-les à Acca Laurentia, ta femme, qui n'a jamais pu avoir d'enfants. Elle sera heureuse d'élever ces deux-là. Ils sont magnifiques.

Ainsi fut fait.

Au début, ce fut la louve elle-même qui vint nourrir les enfants. Les bergers les

1. Porcher, *n. m.* : gardien de porcs.

remettaient chaque jour à l'endroit où ils avaient été déposés, près de la source, et elle venait régulièrement accomplir son office. Plus tard, Laurentia se contenta de les sortir de la maison, et la louve venait toujours. Puis ces enfants grandirent, et les porchers s'en occupèrent seuls. Ils les appelèrent Romulus et Rémus.

C'est donc par des serviteurs d'Amulius, le redoutable grand-oncle qui les avait condamnés, qu'ils furent élevés. Ils vécurent entre le fleuve et la forêt, et devinrent les garçons les plus forts et les plus beaux de leur génération. Quoique proches des laboureurs et des bergers, ils ne leur ressemblaient pas, et on pouvait deviner le sang royal qui coulait dans leurs veines.

Pour cette raison, ils s'étaient fait de nombreux amis, et leur sagesse ainsi que leur courage étaient un exemple pour les enfants alentour. Ils savaient conseiller aussi bien qu'arbitrer les querelles. En grandissant, ils apprirent que Faustulus et Laurentia n'étaient pas leurs vrais parents. Loin de s'en attrister, ils écoutaient avec délectation[1] le récit souvent répété de leur aventure au bord du Tibre, de la bonté de la louve et des premiers moments de tendresse au coin du feu, chez les porchers d'Amulius, pour qui ils étaient un don du ciel.

Mais de leur origine royale, Faustulus ne dit rien.

Mais de leur origine royale, Faustulus ne dit rien, estimant que seul le destin pouvait en prendre la responsabilité. Pourtant, il avait deviné, lui, qui avait caché le somptueux panier. Un panier de prince qui avait amené les enfants

1. Délectation, *n. f.* : plaisir, délice.

jusqu'à lui. Et la rumeur publique avait dit en son temps que la princesse Silvia avait eu non pas un, mais deux enfants, du dieu Mars.

Quel couple, chez les bergers ou chez les rois, suppliant chaque jour les dieux ancestraux dans l'espoir de leur voir naître un enfant, en aurait refusé deux de si noble lignée[1] ?

---

1. Lignée, *n. f.* : descendance, famille.

On en vint aux mains, puis aux armes.

LE TEMPS DES QUERELLES 4

QUAND Romulus et Rémus eurent atteint l'âge de dix-huit ans, il se trouva qu'une querelle éclata entre les bergers de Numitor et ceux d'Amulius. On se disputait souvent pour des questions de territoire, mais cette fois-ci la querelle s'envenima[1]. Enhardis par la présence dans leurs rangs des deux solides garçons, les serviteurs d'Amulius se firent plus menaçants que jadis. On en vint aux mains, puis aux armes. Les gens de Numitor ne furent pas les plus forts, et se replièrent après avoir laissé morts

1. Envenimer (s'), *v. pron.* : aggraver, rendre plus pénible.

quelques-uns des leurs. Cela appelait une vengeance terrible.

Ces bergers tendirent donc une embuscade contre les jumeaux que tous redoutaient. Ils vinrent nombreux avec des armes et se cachèrent. Rémus, qui ce jour-là n'était pas accompagné de son frère, passait par là en parlant avec des amis et voilà que le piège se referma sur eux.

– Ne les tuez pas ! Faites-les prisonniers et ramenez-les à la cité ! criaient les serviteurs de Numitor. Nous voulons justice !

Rémus et les siens tentèrent de se défendre. Comme ils étaient peu nombreux, il voulurent prendre la fuite. Leurs adversaires eurent tôt fait de les rattraper. Après les avoir chargés de chaînes, ils les emmenèrent à Albe.

Rémus se réjouissait secrètement de l'absence de Romulus, qui était en ce moment même en train d'accomplir certains rites[1] sacrés avec d'autres amis, dans une contrée voisine.

Voyant la stature[2] imposante de Rémus et les chaînes qui l'enserraient, les habitants d'Albe s'interrogeaient à son passage.

Ils les emmenèrent à Albe.

– Qui donc est cet homme ?

– Que lui reproche-t-on ?

– On dirait un fils des dieux.

Ceux qui l'emmenaient entendirent ces remarques. Ils étaient obligés de reprendre la foule qui avait pitié de leurs prisonniers.

– Celui-ci ? Allons donc ! Un bagarreur, un querelleur ! répondaient les vainqueurs.

1. Rite, *n. m.* : cérémonie d'usage dans une religion.

2. Stature, *n. f.* : taille.

À cause de lui, plusieurs serviteurs du bon roi Numitor ont perdu la vie !

Mais la foule ne s'en laissait pas conter.

La discussion s'envenima.

– Ce n'est pas vrai ! Il a toujours pris la défense des faibles ! cria quelqu'un venu des plaines où l'on connaissait Romulus et Rémus.

La discussion s'envenima. Il se forma deux partis qui arrivèrent en grand nombre au palais de Numitor. Tout le monde parlait à la fois, si bien que le roi ne pouvait rien y comprendre.

– Qui donc est cet homme ? demanda-t-il.

– Il s'appelle Rémus, fils de Faustulus, le porcher d'Amulius. C'est un fauteur de troubles. Il querelle sans cesse nos bergers, nous, tes fidèles serviteurs. Et il a été jusqu'à tuer.

– Ce n'est pas vrai ! répondait Rémus. Je n'ai fait que protéger les miens contre ces maraudeurs, ces voleurs de bétail et de pâturages ! Tu es un bon roi, Numitor, mais tous tes hommes ne suivent pas ton exemple.

Il se forma deux partis.

Numitor était ennuyé. Il avait si peu l'occasion de prendre des décisions importantes qu'il alla consulter son frère Amulius. Quand celui-ci eut écouté l'affaire, voyant qu'une grande foule vociférait à l'entrée du palais en réclamant justice, il se voulut magnanime[1] et répondit :

– Comment ? Un de mes serviteurs opprime les tiens ? Rends-toi justice toi-même, mon frère ! Fais ce que tu veux de cet homme.

1. Magnanime, *adj.* : bon, généreux, clément.

Numitor retourna vers la foule. Malgré les graves accusations portées contre lui, le roi éprouvait de la sympathie pour ce prisonnier. Une partie de la foule abondait dans ce sens[1].

– Parle, lui dit-il. Et raconte-moi ta version des faits. Je veux l'entendre de ta bouche.

– Ô bon roi, je n'ai agi que par souci de voir triompher la justice. Je connais la bonté dont tu nous entoures, nous tes sujets, mais il faut bien dire que depuis longtemps certains de tes serviteurs volent nos chevreaux, et nous cherchent querelle pour occuper des prairies qui sont à nous depuis le temps de nos ancêtres.

1. Abonder dans ce sens : être tout à fait du même avis que quelqu'un.

– On dit que tu es fils de porcher. Est-ce vrai ? J'ai peine à le croire.

Rémus baissa la tête.

Rémus baissa la tête.

– Ni mon frère jumeau ni moi ne sommes ses fils. Il nous a recueillis à la naissance, alors que l'on nous avait exposés pour nous ôter la vie, et avec Laurentia son épouse, il nous a élevés comme ses enfants.

Le roi Numitor réfléchit longuement, et la foule s'étonnait de tant d'hésitation devant une affaire qui promettait d'être si simple. Il congédia[1] le peuple en lui promettant que de toute façon justice serait rendue, ce qui ne contenta aucune des deux parties. Tous s'en allèrent en murmurant. On se demandait qui pouvait bien être cet étrange prisonnier qui ressem-

1. Congédier, *v. tr.* : inviter à s'en aller, renvoyer.

Il avait gardé en secret le berceau des deux enfants.

blait aux dieux et faisait douter les rois.

Le roi revint à Rémus, ne pouvant s'empêcher de repenser à un fils qu'il avait eu jadis, retrouvant en lui les mêmes traits, le même courage, la même assurance.

Cependant Romulus, de retour des festivités et ayant appris la capture de son frère, fut saisi d'une grande colère et ameuta ses compagnons dans le but de se rendre immédiatement à Albe. Le vieux Faustulus, son père adoptif, l'en dissuada[1]. L'entreprise était périlleuse, mais il y avait d'autres raisons. Puisqu'il avait gardé en secret le berceau des deux enfants et les langes[2]

---

1. Dissuader, *v. tr.* : amener quelqu'un à renoncer à un projet.

2. Lange, *n. m.* : large carré de laine ou de coton dont on enveloppe les bébés de la taille aux pieds.

dans lesquels ils avaient été abandonnés, c'était le moment de s'en servir. Il se rendit lui-même au palais royal, entouré d'une foule imposante qui réussit à réinvestir les marches du palais. Après de grandes difficultés, il fut conduit devant Numitor.

Le serviteur reconnut facilement la corbeille d'osier.

Alors il révéla devant tous la parenté de Romulus et de Rémus. Comme le vieux roi ne voulait pas le croire, il y eut un autre témoignage pour le décider : le serviteur qui avait porté jadis les jumeaux au fleuve était présent et il reconnut facilement la corbeille d'osier, puisqu'il l'avait tenue entre ses mains. Le roi se jeta au cou de Rémus, puis à nouveau fit sortir tout le monde.

– Rémus, fils de ma fille, dit-il quand ils furent seuls. Ce sont les dieux qui t'envoient jusqu'à moi. Sache qu'Amu-

Il m'a dépouillé du pouvoir et de mes biens.

lius, mon frère, m'a dépouillé du pouvoir et de mes biens. Il n'a pas tenu la promesse qu'il avait faite à notre père. Il s'est arrangé pour que mon propre fils soit tué au cours d'une chasse, et il a banni[1] ma fille, votre pauvre mère. Le pire, c'est qu'il opprime le peuple au point que bon nombre supplient les dieux de nous en débarrasser. Aide-moi à reconquérir ce qui m'a été dérobé.

Rémus accepta avec joie d'être le sauveur de la maison du roi.

– Je le serai, mais seulement avec mon frère, dit-il.

Ils envoyèrent Faustulus chercher Romulus. Celui-ci avait obéi à son père adoptif, le laissant prendre les devants[2],

1. Bannir, *v. tr.* : rejeter, chasser.

2. Prendre les devants : devancer quelqu'un pour l'empêcher d'agir.

et personne ne savait exactement où il se trouvait.

Amulius apprit bientôt la nouvelle, car la rumeur qu'un descendant de Numitor avait été retrouvé ne cessait d'augmenter. Il appela quelques-uns de ses gardes et les chargea de suivre discrètement Faustulus afin de démasquer Romulus. Quant à Rémus, il se chargerait de l'assassiner au palais. Mais il était trop tard. Romulus accourait déjà avec ses compagnons et ses partisans. Cela faisait un grand tumulte devant le palais.

L'entrée n'étant pas gardée, Romulus et sa troupe se précipitèrent à l'intérieur. Ils y trouvèrent le roi ainsi que Rémus qui expliqua ce qu'il venait d'apprendre concernant leur lignée. Alors, saisis d'une grande émotion, et de colère envers Amulius, les bergers et

amis des jumeaux se répandirent dans tout le palais. Dehors, la foule était telle que les portes étaient bloquées.

Amulius ne put sortir. Il était pris au piège. Quand il appela à l'aide ses fidèles, il ne trouva plus personne. Ainsi fut-il assassiné, et on oublia vite sa mémoire[1].

Romulus et Rémus purent enfin connaître Silvia, leur mère, qui sortit de la cachette où elle s'était terrée depuis tant d'années. Numitor était heureux de voir rassemblé ce qui restait de sa famille. Il proposa à ses petits-fils de régner à sa place, mais ils refusèrent. Ils ne pouvaient vivre ailleurs que sur les bords du Tibre, où ils avaient grandi.

Avec leurs compagnons, ils décidèrent

---

1. Mémoire, *n. f.* : ici, souvenir.

de fonder une nouvelle cité. Ce projet souleva un grand enthousiasme, mais Romulus et Rémus n'étaient pas d'accord sur le site exact où la ville devait s'élever. Romulus voulait construire vers le bas, près du fleuve qui était toute leur vie. Rémus voulait construire en haut, au sommet de l'Aventin, pour avoir une situation plus facile à défendre. Pour la première fois, ils étaient en désaccord.

Et ils ne purent se départager.

En pareil cas, il était d'usage de saisir l'arbitrage des dieux. Le mieux était d'examiner les présages[1] dans le ciel. C'était à qui des deux jumeaux découvrirait le plus grand nombre de vautours avant une certaine heure.

1. Présage, *n. m.* : signe d'après lequel on croit prévoir l'avenir.

Romulus ne vit aucun vautour, Rémus en aperçut six. C'était donc son idée qui était choisie par les dieux. Il rejoignit son frère pour lui faire part de ce qui s'était passé. Mais Romulus ne l'accepta pas.

Rémus s'en retourna furieux. Alors douze vautours apparurent, et Romulus les vit le premier. Il désigna le ciel.

– Vois, Rémus, je suis le premier à en compter un si grand nombre.

– Les miens étaient moins nombreux, mais je les ai vus en premier !

– C'est le plus grand nombre qui a gagné !

Ainsi chaque parti s'estimait vainqueur, et on ne sut jamais qui avait raison. Romulus décida de commencer le tracé de la ville avec ses propres partisans. Il s'attela à la charrue et fit un carré à l'endroit qu'il avait choisi, en bas, vers le Tibre. Il y eut des moqueries. Les gens de Rémus s'amusaient à sauter comme des gamins par-dessus le fossé. Le ton monta. Naquirent des querelles, des bagarres, et puis ce fut un conflit généralisé entre Romulus, Rémus et leurs amis.

Il y eut de nombreux morts.

Parmi eux, Rémus, frère de Romulus, petit-fils de Numitor, le roi d'Albe.

Ils n'avaient devant eux que quelques constructions de bois.

LE DIEU DES ASILES

5

LE bruit courait dans toute la contrée qu'une nouvelle ville se préparait à sortir du sol. Nombreux étaient les curieux qui s'attendaient à trouver déjà des murailles dressées, des maisons achevées. Quand ils arrivaient, ils n'avaient devant eux qu'un carré tracé à la charrue, non loin du fleuve, et quelques constructions de bois, ainsi que des tentes pour abriter les bâtisseurs.

Cela n'avait rien d'étonnant. Les partisans de Romulus et du défunt Rémus étaient certes nombreux, mais pour bâtir une ville entière et y demeurer, il fallait une véritable population, diffé-

Il y avait non loin du tracé une forêt...

rents corps de métiers, des guerriers et toutes sortes de gens. Si l'ambitieux projet pouvait convaincre et attirer les plus jeunes, ils n'étaient qu'une poignée en regard[1] de la grande Albe, et cela ne suffisait pas. La plupart des gens n'avaient aucunement l'intention de quitter l'antique cité qu'ils trouvaient confortable. Ils y avaient une fonction bien établie et reconnue, une certaine aisance[2], et de plus la justice y régnait de nouveau, maintenant que le tyran Amulius avait disparu.

Au début donc, le projet de la grande ville à construire sur les bords du Tibre fut regardé par beaucoup avec une certaine ironie. Cela en aurait découragé

---

1. En regard de, *loc. prép.* : en comparaison avec.

2. Aisance, *n. f.* : fortune qui assure une vie facile.

plus d'un, mais Romulus était fils des dieux, et les dieux qui voient plus loin que les hommes aimaient déjà la nouvelle ville avant qu'elle fût sortie de terre. Et Romulus était inspiré par eux dans tout ce qu'il disait et faisait.

… et à l'orée de cette forêt une grotte.

Comme le prince voulait dès les premiers temps une cité forte, qui puisse se défendre contre les diverses formes de la jalousie que l'on pouvait rencontrer dans le monde en ce temps-là, il lui était nécessaire de se tourner vers l'extérieur pour trouver des citoyens.

C'est ainsi qu'il en vint à utiliser un stratagème.

Il y avait non loin du tracé une forêt, et à l'orée de cette forêt une grotte. Certains venaient là vénérer un dieu pratiquement inconnu, un dieu des profondeurs, un dieu enfoui. Romulus en

fit un dieu de la terre, qui bénirait par sa présence le sol aux alentours.

Il en fit aussi le dieu des Asiles. Cela voulait dire que ce dieu offrait l'hospitalité à tous ceux qui se présenteraient à lui, qu'ils pouvaient rester définitivement sur la terre qu'il dominait, et que sa divinité les protégerait.

Un prêtre fut nommé pour le servir et entretenir son sanctuaire[1]. Et bientôt, à l'instigation[2] de Romulus, une étrange nouvelle courut sur les lèvres, se répandant de ville en ville : là-bas, près de la future cité au bord du Tibre, la condition de citoyen était offerte à tous ceux qui le désiraient. On ne posait de ques-

1. Sanctuaire, *n. m.* : édifice consacré aux cérémonies d'une religion.

2. Instigation, *n. f.* : action de pousser quelqu'un à faire quelque chose.

tions à personne. Il suffisait de se présenter à ce dieu des Asiles, et l'on appartenait à la nouvelle ville.

Tout citoyen de n'importe quelle cité, désireux d'en changer, tout berger, tout laboureur, tout homme désirant une nouvelle vie, était convié à se joindre à la communauté grandissante.

Mais l'offre ne se limitait pas à recevoir les autres citoyens. Si l'on était

Il se formait un étrange peuple sans coutumes...

esclave en fuite, si l'on était débiteur[1] et incapable de rembourser sa dette, si l'on était condamné à quelque peine que ce soit, il était possible d'être accueilli, et les fautes ou les torts passés étaient aussitôt effacés.

Et les hommes qui se préparaient à bâtir la muraille étaient suffisamment forts et courageux pour protéger les nouveaux venus et empêcher qu'on ne les reprenne.

Ainsi la population commença-t-elle à croître en nombre et en force. Mais le prince Romulus n'était pas pour autant délivré de tous ses soucis. Il se formait là, à l'endroit où une louve jadis avait sauvé deux enfants perdus, un étrange peuple encore sans coutumes, peut-être

---

1. Débiteur, *n.* : qui doit quelque chose (de l'argent) à quelqu'un.

même sans foi ni loi, que de tous côtés on regardait avec une bonne dose d'inquiétude, voire de mépris.

La cité serait-elle gouvernable ?

Trouverait-elle des alliés ?

Ou bien finirait-elle dans un soulèvement, une émeute, ou par une guerre contre ses voisins ?

Ces enfants des loups deviendraient-ils, à leur tour, des loups ?

...peut-être même sans foi, ni loi.

Romulus
savait
entendre
la voix
des dieux.

LA FONDATION DE ROME 6

MAIS Romulus, s'il écoutait parfois la voix de l'inquiétude, savait entendre celle des dieux. Ces dieux qu'il vénérait par-dessus tout, puisque le bruit avait toujours couru qu'il était fils de l'un d'entre eux. Cela lui donnait pour le moins force et courage. Persuadé qu'il n'était qu'un instrument dans leurs mains, il n'hésitait jamais à prendre une décision, sûr de lui, et tous s'en remettaient à sa clairvoyance[1].

Maintenant que les bras[2] forts

1. Clairvoyance, *n. f.* : vue exacte et claire des choses.

2. Bras, *n. m.* : personne qui travaille, combat.

affluaient[1] sur le site, le temps était venu d'entreprendre la construction.

– Cette ville devra son existence à la sueur de chacun d'entre vous ! dit-il à la foule assemblée. Mais elle le devra également aux dieux qui ont choisi l'endroit et m'ont confié cette tâche. Aussi marquerons-nous la fondation par une grande cérémonie qui montrera l'union des nombreux peuples ici représentés, et par des sacrifices[2].

Le prince fixa donc un jour précis où l'on commencerait les travaux, et organisa les préparatifs de la cérémonie. Il sacrifia aux dieux, conseilla à tous ceux qui le pourraient d'en faire autant, et

1. Affluer, *v. intr.* : arriver en grand nombre.

2. Sacrifice, *n. m.* : cérémonie religieuse par laquelle on fait des offrandes à une divinité.

prit les auspices[1] en observant le vol des oiseaux.

– Les dieux nous sont favorables ! cria-t-il. Voyez ces oiseaux qui volent de gauche à droite !

La foule poussa des acclamations.

– Vive la nouvelle ville ! Vive la future cité !

Tout cela était destiné à leur donner du cœur à l'ouvrage car, on s'en doute, le chantier était considérable et s'ajoutait au labeur[2] quotidien, à la tenue des champs et à l'entretien du bétail. En outre, ils avaient besoin d'être confortés dans leur décision un peu hasardeuse d'être venus dans ce lieu, qui n'était que prairies.

1. Auspice, *n. m.* : présage tiré du vol des oiseaux, de leur mouvement.

2. Labeur, *n. m.* : travail dur et pénible.

– Et comment l'appellera-t-on, cette ville ? demandaient des voix parmi l'assemblée.

Un murmure naquit, s'enfla : que la ville porte le nom de son prince, que la ville soit la ville de Romulus.

Le fils de Mars fit taire le peuple.

– Je suis ému et fier de votre proposition, s'écria-t-il. Mais cela ne se fera pas sans le consentement des dieux. Il y a là deux prêtres qui ont reçu l'enseignement du nain Tagète, un être aussi vieux que le monde, et qui portent sa connaissance et sa sagesse.

Ces prêtres, des Étrusques, furent reçus dans un silence recueilli. À la demande du prince, ils consultèrent[1] les viscères[2] des

---

1. Consulter, *v.* : examiner avec attention ; interroger.

2. Viscère, *n. m.* : boyau, entrailles.

« Que la ville porte le nom de son prince »

Des Vestales apportèrent le feu dans des vases sacrés.

poissons. Puis ils rendirent leur verdict :

« Les dieux accueillent la proposition du peuple. Rome sera le nom de la nouvelle cité. » Ainsi naquit Rome.

La foule poussa des cris et des acclamations. Chacun avait le sentiment de vivre un des plus grands moments de l'histoire du monde, et c'était bien vrai, puisqu'il s'agissait du premier jour de celle qui fut appelée depuis la Ville éternelle.

Il y eut une fête à la tombée de la nuit, puis une cérémonie de purification[1] du peuple. Après avoir allumé de grands feux près des abris provisoires, Romulus ordonna à tout le monde de sauter par-dessus les flammes.

Le peuple s'étant ainsi lavé de toute souillure, il était prêt pour la cérémonie

---

1. Purification, *n. f.* : cérémonie par laquelle on se débarrasse de la souillure morale, de ses fautes.

de fondation. Dès le lendemain il se rassembla sur le lieu où devait être posée la première pierre, la pierre carrée. C'était au carrefour de deux grandes routes, les axes nord-sud et est-ouest, près du temple d'Apollon qui n'était encore qu'un échafaudage.

Des Vestales apportèrent le feu dans des vases sacrés. Puis il y eut des sacrifices et les prêtres examinèrent une nouvelle fois les viscères des victimes.

– Les dieux agréent[1] nos sacrifices.

– Ils protégeront la ville nouvelle, jusqu'à la fin des temps.

– Que la fondation commence !

La pierre symbolique fut scellée par quatre hommes : un Étrusque, un Samnite, un Italique et un Latin, représentant cha-

1. Agréer, *v. tr.* : accueillir avec faveur.

cun l'un des peuples les plus importants de la communauté. Romulus voulait en effet que chacun se sente chez lui à Rome, même s'il était venu des plus lointaines contrées. C'était la ville de tous.

Autour de la pierre carrée fut creusé un profond sillon, carré lui aussi, qui fut appelé le Monde. En effet, un représentant de chaque peuple, du plus petit au plus grand, fut invité à y déposer un peu de terre de son pays.

Autour de la pierre carrée fut creusé un profond sillon.

Alors les guerriers, le prince et le peuple se mirent à chanter des hymnes à la gloire de Rome, et à son avenir, espérant attirer sur elle la bienveillance des dieux.

Chacun retourna sous sa tente ou dans son abri, gardant au plus profond de lui-même les paroles de Romulus qui avait annoncé que leur ville serait la plus belle, la plus glorieuse de toute la terre. Aussi, dès le lendemain, se mit-on en devoir de ne pas le faire mentir, et de bâtir avec énergie.

LES ROMAINS S'ORGANISENT 7

LES jours passaient, les murailles s'élevaient, les maisons s'achevaient, les temples se dressaient, abritant chacun la statue de leur dieu. On ne connaissait pas la fatigue dans cette cité. Romulus était partout, allant de l'un à l'autre, exhortant[1] au travail, mettant lui-même la main à la pâte. Il s'appuyait souvent sur les oracles[2] et consultait les prêtres pour prendre les plus importantes décisions.

---

1. Exhorter, *v. tr.* : encourager.

2. Oracle, *n. m.* : réponse que donnaient les dieux à ceux qui les consultaient en certains lieux sacrés.

Mais son meilleur conseiller était le roi Numitor, son grand-père, avec qui il avait gardé de très bonnes relations. Le vieux roi d'Albe lui dit un jour :

Tout n'allait pas pour le mieux...

– Mon enfant, fils de ma fille, ce que tu as créé là, sur les bords du Tibre, est plus gigantesque que le projet d'un humain, fût-il le plus grand. Mais sans doute crois-tu que l'essentiel a été fait, maintenant que les pierres ont été posées sur les pierres. Il n'en est rien. Une cité qui se veut grande et éternelle se bâtit sur des lois.

Romulus réfléchit quelque temps et mesura combien son grand-père avait raison. Tout n'allait pas pour le mieux entre les bâtisseurs et il était bien souvent l'arbitre de querelles qui mobilisaient toute son énergie. Or les lois des uns ne valaient rien pour les autres quand les querelleurs étaient de pays différents.

Il fallait apprendre à vivre ensemble. En matière de coutumes, ce qui était vrai pour l'un devait l'être pour tous.

...et il était souvent l'arbitre de querelles.

Romulus fit cesser le travail et rassembla tous les citoyens. Et il leur tint ce discours :

– Romains ! Par votre courage, la construction va bon train, et elle est presque achevée. Cependant, il ne faut pas s'y méprendre[1] : ce ne sont pas les édifices qui feront la valeur de notre cité, ni les murailles qui la défendront. Cela ne vous donne aucune assurance d'être en sécurité. On a vu des villes bien protégées soutenir des sièges avec courage et tomber par la traîtrise de

---

1. Méprendre (se), *v. pron.* : se tromper.

quelques-uns. D'autres, qui étaient sans fortifications, n'ont pas connu ce déshonneur. La valeur d'une ville, ce sont ses citoyens. Dans les guerres extérieures, il nous faudra la bravoure et la persévérance[1]. Dans les troubles intérieurs, il nous faudra apprendre ce que signifie le mot concorde[2].

La valeur d'une ville, ce sont ses citoyens.

« Mais le plus important, c'est de décider ensemble quelles lois nous appliquerons, et comment nous serons gouvernés. Par qui accepterez-vous d'être dirigés ? À ma connaissance, il existe trois possibilités. Par un seul homme, par un petit groupe, ou encore donner la direction de l'État au peuple tout entier.

1. Persévérance, *n. f.* : patience, volonté.
2. Concorde, *n. f.* : entente, harmonie, paix.

« C'est à vous de choisir, citoyens de Rome, et je me plierai à votre décision. Vous m'avez déjà fait grand honneur en donnant mon nom à la cité. Cet honneur-là me restera jusqu'à ma mort, et même pour l'éternité. Je n'aurai donc aucune honte à être dirigé par vous, et pas davantage à marcher à votre tête.

Il y eut de grands murmures, et la foule se dispersa en petits groupes où s'élevèrent des discussions animées. Cela dura bien deux heures après quoi il fut clair que le peuple était parvenu à s'entendre.

Un ancien s'avança vers Romulus et prit la parole au nom de tous :

– La plupart d'entre nous estiment que la constitution[1] d'Albe est excellente, et personne ne voit de raison d'en

1. Constitution, *n. f.* : organisation, structure.

changer. Ceux qui viennent d'autres cités l'acceptent volontiers. Nous voulons donc un roi. Par ailleurs, qui mieux que toi, Romulus, pourrait porter dignement cette charge ? Tu es de sang royal et le fils des dieux. Et même si cela n'était pas, il suffirait simplement de regarder autour de nous pour voir cette grande merveille surgie de terre par ta volonté et ta persévérance.

– Amis, je suis heureux de cette décision, et je me prépare à l'assumer[1] pour le bien de chacun. Mais avant toute chose, vous le savez, il est nécessaire de consulter la divinité.

Chacun mesura la sagesse de ces paroles. Romulus fixa un jour pour prendre les auspices et savoir s'il était

1. Assumer, *v. tr.* : se charger de, accepter une fonction.

juste qu'il devînt roi. Alors, entouré des prêtres, et devant la foule une nouvelle fois rassemblée, il invoqua[1] les divinités qui avaient été choisies pour protéger la ville, et surtout Jupiter, le roi des dieux, leur demandant un signe favorable.

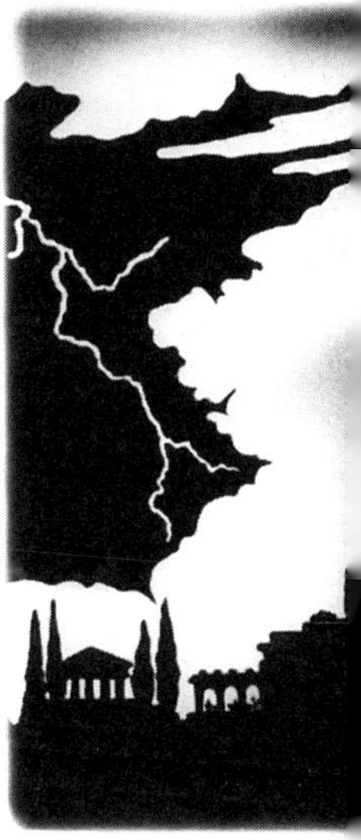

Tout le monde attendait dans le plus grand silence une quelconque manifestation.

Le ciel se couvrit, et un grand éclair le parcourut de la gauche vers la droite, ce qui était un signe favorable. Une grande ovation[2] s'ensuivit, et il fut acquis que Romulus serait le premier roi des Romains.

La première loi qui fut promulguée[3]

1. Invoquer, *v. tr.* : appeler à l'aide des prières.

2. Ovation, *n. f.* : acclamations, cris.

3. Promulguer, *v. tr.* : établir, rendre officielle une loi.

était que, désormais, nul citoyen n'accéderait à aucune des grandes charges sans l'accord de la divinité, manifesté par quelque présage.

Vint le moment d'organiser la ville. Un roi, aussi puissant soit-il, ne peut gouverner sans s'appuyer sur des conseillers et des chefs de moindre[1] rang. Et pour cela, il faut subdiviser la population en groupes plus petits ayant eux-mêmes des responsables.

Romulus divisa d'abord le peuple en trois grands groupes qui furent appelés des tribus. À leur tête, il nomma les hommes les plus remarquables, qui furent appelés les tribuns.

Puis chaque tribu fut elle-même répartie en dix sous-groupes, que l'on

---

1. Moindre, *adj.* : inférieur.

Romulus divisa d'abord le peuple en trois grands groupes.

appela les curies. À leur tête furent désignés les curions.

Les curies furent partagées en dix sections, ayant à leur tête un décurion.

Quand les hommes furent répartis, ce fut au tour des terres. Chaque curie en reçut une surface égale, et on réserva dans la ville une large part à l'édification des futurs temples et sanctuaires.

On aurait pu croire que l'organisation allait se limiter à ces mesures. Mais Romulus avait en tête bien d'autres idées. Il savait que dans le peuple certains étaient de condition modeste, esclaves enfuis, ou simplement des gens venus avec rien d'autre que leur courage. D'autres étaient riches et considérés dans la ville qu'ils avaient quittée, où ils avaient eu l'expérience de la vie publique. C'étaient les plus anciens, la plupart du temps, ou du moins avaient-ils déjà des enfants. Ceux-ci, Romulus les appela pères, ou patriciens, tandis que les plus modestes furent appelés plébéiens.

Romulus les appela pères, ou patriciens.

Aux patriciens, qui étaient rompus[1] aux questions de droit ou d'exercice du pouvoir dans leur ancienne cité, et démontraient une certaine aisance, il confia les grandes charges, les sacerdoces[2], l'exercice de la justice. Quant aux autres, qui étaient les plus pauvres, il ne voulait pas les voir rester pauvres. Il leur confia des tâches où l'on pouvait prospérer : l'agriculture, et d'autres métiers dans lesquels il faut faire preuve d'habileté, de savoir-faire.

---

1. Rompu à : habitué.
2. Sacerdoce, *n. m.* : fonction de celui qui a la charge du culte divin.

À chaque patricien étaient attachés des plébéiens.

À partir de cette classification, Romulus institua le patronage. Le plébéien sans fortune pouvait faire appel à un de ces pères ou patriciens, pour le défendre, l'aider, par exemple s'il était traîné en justice. Inversement, il devait une autre forme d'aide à ce patricien dont il était le client. Lui qui avait un métier qui rapportait, il pouvait payer une rançon si son patron était prisonnier de guerre ou s'il perdait un procès. Il fournissait une partie de la dot des filles de son patron.

À chaque patricien étaient attachés des plébéiens.

Parmi les patriciens, Romulus fit choisir par le peuple une centaine des plus sages, et il en fit le sénat. On appela ses membres les pères conscrits.

Le sénat aidait le roi dans les décisions importantes, et quelquefois le peuple entier était consulté. En outre, le roi se constitua une garde personnelle constituée de trois cents des plus solides guerriers. Elle le suivait partout où il allait dès qu'il devait s'éloigner de la ville.

Le sénat aidait le roi dans les grandes décisions.

Une telle organisation se montra rapidement très pratique. Là où les cités passaient un temps infini à lever leurs troupes en cas de danger, il était facile à Romulus d'appeler les responsables en un temps record. Ceux-ci s'en retournaient aussitôt et convoquaient ceux de moindre rang. Ainsi l'armée était-elle toute prête à intervenir.

En effet, il était grand temps de se préparer aux guerres qui n'allaient pas tarder à se déclarer.

Des femmes, on en trouverait dans les villes alentour.

LES FEMMES DE ROME 8

GRÂCE au dieu des Asiles, beaucoup d'hommes étaient venus remplir la ville naissante. On y avait travaillé sans relâche, et tous les corps de métiers avaient trouvé matière à s'épanouir[1]. Mais Romulus ne se laissait pas griser par cette apparente bonne santé. Quoique aisée et bien organisée, Rome n'était toujours pas assurée de son avenir. Il n'y avait en effet pas de femmes.

Pas de femmes : pas d'enfants.

Que peut devenir une cité sans enfants ?

---

1. Épanouir (s'), *v. pron.* : se développer.

Aussi le fils du dieu Mars se mit-il à réfléchir sur la meilleure façon d'organiser des mariages. La question était d'urgence. D'une part, il fallait une jeunesse, d'autre part, les mariages permettraient de sceller des amitiés durables avec les peuples voisins. Des femmes, s'il n'y en avait pas à Rome, on en trouverait dans les villes alentour. Il dépêcha donc des ambassadeurs[1] pris parmi les plus vigoureux de ses soldats, et qui avaient pour mission de présenter tous les avantages d'une cité jeune et promise à un bel avenir.

Les ambassadeurs revinrent bredouilles, ou ne revinrent pas. Ceux qui manquaient avaient bien épousé les belles étrangères, mais les familles les

---

1. Ambassadeur, *n. m.* : envoyé d'un État auprès d'un État étranger.

avaient gardés. Les autres racontèrent comment ils avaient été éconduits[1]. Nul n'osait confier sa fille aux citoyens de la ville de Romulus.

Quels beaux partis pour mes enfants !

– Qui êtes-vous donc ? leur avait-on lancé. Des esclaves pour la plupart, et il y a pire : des criminels ayant échappé à un juste châtiment ! Quels beaux partis pour nos enfants élevées avec tant de soin !

D'autre part, la ville n'avait pas encore fait ses preuves. Elle n'était pas suffisamment riche pour faire envie, et ne s'était pas encore illustrée[2] dans des combats au point de faire peur.

Romulus tenta une nouvelle expérience avec d'autres ambassadeurs choisis cette

---

1. Éconduire, *v. tr.* : repousser la demande de quelqu'un, refuser.
2. Illustrer (s'), *v. pron.* : se distinguer, se rendre célèbre.

fois-ci parmi les anciens. Les voisins, qui n'avaient guère eu de respect pour la jeunesse, refuseraient-ils de s'incliner devant la sagesse et les cheveux blancs ? Hélas, ce fut un échec. Chacun chez soi, telle semblait être la règle à ce moment-là.

Quand le résultat des ambassades fut connu, ce fut l'indignation générale. Quelle insulte ! Les Romains maudirent leurs voisins et parlèrent de leur faire la guerre.

Romulus eut grand mal à calmer les esprits. Une idée lui était venue entretemps, et elle avait l'approbation[1] de son grand-père Numitor. Puisque se déplacer chez les autres n'avait rien donné de valable, la solution n'était-elle pas de les inviter à Rome ?

1. Approbation, *n. f.* : accord, permission.

En premier lieu, Romulus adressa des vœux[1] au dieu des desseins[2] secrets. Ensuite, il fit part de son projet au sénat, qui l'approuva. Ce projet, c'était d'inviter les populations voisines à célébrer une fête religieuse. Tous seraient conviés, hommes, femmes, enfants, de tous âges. Au cours de la fête, un certain nombre de guerriers romains enlèveraient les jeunes filles en âge de se marier, et les mariages seraient célébrés d'un bloc.

Ainsi le roi des Romains annonça une fête solennelle en l'honneur du dieu Poséidon. Il le fit savoir publiquement, s'arrangeant pour que la nouvelle parvienne aux oreilles de toutes les cités

1. Vœu, *n. m.* : prière à une divinité.

2. Dessein, *n. m.* : projet, intention, but.

Il y eut des combats et des courses de chevaux.

du voisinage, ce qui ne manqua pas de se produire rapidement. C'était d'ailleurs une curiosité. On prétendait avoir trouvé un autel[1] enfoui, celui probablement d'un dieu de la terre, ou d'un dieu des profondeurs.

À cette invitation générale, nombreux furent ceux qui se déplacèrent. La fête religieuse les intéressait sûrement, mais ils avaient aussi envie de voir ce qu'il en était de Rome, dont on disait à la fois tant de mal et tant de bien. La ville avait-elle grandi ? Comment étaient les murailles ? Quel genre de constructions pouvait-on y trouver ?

Certes, les visiteurs ne furent pas déçus, du moins dans un premier temps. Les nombreux édifices publics ou pri-

---

1. Autel, *n. m.* : table de pierre à l'usage des sacrifices offerts aux dieux.

vés attiraient l'attention, ainsi que la tribune où siégeaient le prince Romulus et ses conseillers. La fête tint ses promesses. Elle était somptueuse. Pressés par le désir de plaire et d'endormir toute suspicion, les Romains avaient mis les petits plats dans les grands[1].

Il y eut de nombreux jeux d'adresse, des combats, des compétitions, et surtout des courses de chevaux, car Poséidon était aussi le dieu des chevaux.

Trois cents jeunes cavaliers romains défilaient devant la foule, attendant de leur prince le signal convenu. Quand celui-ci vint de la tribune, ils se précipitèrent au milieu des spectateurs, dans les cris et la panique, en un éclair s'emparèrent chacun d'une jeune fille, et couru-

1. Mettre les petits plats dans les grands : dépenser beaucoup d'argent en l'honneur de quelqu'un.

rent la mettre en lieu sûr. Évidemment, les invités, scandalisés, réclamèrent dans une grande colère que leurs enfants leur soient immédiatement restituées. Mais que pouvaient-ils faire ?

Quand ils comprirent qu'ils ne les reverraient plus, qu'il était vain de les chercher dans le dédale[1] des rues, ils s'en allèrent dans le plus grand désarroi, se promettant intérieurement d'assouvir[2] leur vengeance dès que possible, au besoin par les armes.

Ainsi s'acheva tristement cette fête.

Romulus rendit visite à chacune des jeunes filles qui avaient été enlevées. Elles étaient dans les pleurs, bien entendu, et selon la coutume du deuil

1. Dédale, *n. m.* : labyrinthe.

2. Assouvir, *v. tr.* : satisfaire, rassasier.

Ils se précipitèrent au milieu des spectateurs, dans les cris et la panique, et en un éclair s'emparèrent chacun d'une jeune fille...

avaient déchiré leurs vêtements et dénoué leur chevelure. Mais le prince leur assura qu'il ne leur serait fait aucun mal. Elles furent en effet l'objet des meilleurs soins et, jour après jour, se remirent quelque peu de leurs terribles émotions.

Au bout de quelques semaines eurent lieu les mariages. Ce fut l'occasion de nouvelles festivités. Et puis Rome était une grande et belle ville. Les époux éprouvaient pour leurs femmes une tendre sollicitude. Celles-ci se rendirent compte que la vie qui les attendait n'était pas forcément celle de captives. Elles avaient tout loisir de se revoir entre elles et de partager des souvenirs. Certaines allaient jusqu'à se demander si, dans leur ville natale, elles n'auraient pas connu plus mauvais sort. La douleur de la séparation d'avec leurs familles commençait à s'estomper.

Hélas, l'inverse ne se démontra pas aussi facilement. Les familles lésées[1] tinrent conseil dans leurs cités.

– Ces Romains nous ont largement prouvé que nos inquiétudes à leur égard étaient fondées. Voyez comment ils ont violé les plus élémentaires lois de l'hospitalité.

– Il n'y a qu'une seule solution : leur faire la guerre pour reprendre nos filles.

– Et porter un coup d'arrêt à leur expansion.

– Oui, mais qu'adviendra-t-il de nos filles si nous employons la force ?

Les Sabins, qui comptaient le plus de familles éprouvées, décidèrent les pre-

1. Léser, *v. tr.* : causer du tort, attaquer.

miers d'envoyer une ambassade à Rome.

– Prince, dirent les envoyés quand ils comparurent devant Romulus, tu nous as fait certes grand tort en t'appropriant le fleuron[1] de notre peuple. Mais oublions le passé. Restons en paix. Que nos filles nous soient rendues et nous pourrons sceller une longue amitié.

Qu'elles nous soient rendues...

– J'apprécie votre offre d'amitié, répondit Romulus. Mais nous ne vous rendrons pas vos filles. Elles sont mariées. Les voilà désormais romaines. Cependant, rien ne vous empêche de leur rendre visite, et vous pourrez venir autant que vous le souhaiterez. Pourquoi n'avez-vous pas accepté la main que je vous tendais jadis, pourquoi avez-vous refusé les demandes de

1. Fleuron, *n. m.* : ici, le bien le plus précieux.

mariage qui étaient établies en bonne forme ? N'est-ce pas vous qui nous avez poussés à agir ainsi ? »

Les Sabins retournèrent rendre compte de leur ambassade. Et une profonde rancœur s'empara de tous.

LES GUERRES 9

L'ENLÈVEMENT des jeunes filles avait ouvert chez les voisins des Romains des plaies qui étaient loin de se cicatriser. Romulus avait assuré que les nouvelles citoyennes étaient bien traitées, mais c'était une piètre consolation pour de jeunes guerriers qui avaient perdu leurs fiancées.

« Ce jeune roi prétentieux accepte notre amitié ? Qu'est-ce que cela veut dire ? Quelle insolence ! Nous faire un tel affront et nous tendre la main comme si de rien n'était ! La guerre ! Nous voulons la guerre ! »

Ainsi parlaient les jeunes dans les cités alentour, et leurs aînés étaient bien de leur avis. C'étaient des gens courageux et habiles au maniement des armes, et un appel à la guerre avait des chances d'emporter l'adhésion[1] du plus grand nombre.

Trois de ces cités entrèrent bientôt en effervescence : Caenina, Antemnes et Crustumérium. Elles avaient toutes les raisons de détester Rome, en plus de l'enlèvement des jeunes filles. La fondation de cette nouvelle ville, son accroissement rapide étaient une menace désormais pour elles. En outre, Rome avait accueilli certains de leurs citoyens qui avaient échappé ainsi à un juste jugement. On comprend mieux leur jalousie. Qui ne s'est jamais laissé entraîner à rêver d'une revanche éblouissante ?

---

1. Adhésion, *n. f.* : acceptation, accord.

Pour rassasier leur soif de vengeance, il fallait que la punition fût complète. L'union faisant la force, ces trois villes envoyèrent une ambassade aux Sabins qui étaient les plus forts, et aussi les plus lésés dans l'affaire de la fête de Poséidon. À eux tous, ils pouvaient considérer que la victoire était à leur portée. Ils avaient beaucoup d'avantages. Les Romains étaient nettement moins nombreux, ne possédaient aucune expérience des batailles rangées[1] et ne s'étaient pas encore donné le temps de se forger des armes dignes de ce nom.

La victoire était à leur portée.

Mais les Sabins ne se montrèrent pas aussi empressés. Ils réfléchissaient à l'offre d'amitié des Romains, sachant que rien ne les empêchait de revoir

1. Bataille rangée : bataille organisée.

leurs filles tant qu'ils le désiraient. Ils se disaient résolus à payer le prix de la paix, c'est-à-dire l'oubli et le pardon. Dans bien des cas, la guerre est la plus mauvaise de toutes les affaires.

Les trois cités insistèrent. Les Sabins temporisaient[1]. Ils se savaient capables d'écraser la petite ville en quelques heures. Une seule charge suffirait contre ces vauriens armés de bâtons. Pourquoi se précipiter ? C'est du moins ce qu'ils répondirent aux ambassadeurs. À vrai dire, ils auraient apprécié une victoire, à condition de l'obtenir seuls, pour en recueillir toute la gloire et les bénéfices.

Il y eut encore des temps de discussions, de nombreux aller et retour entre

---

1. Temporiser, *v. tr.* : attendre un moment plus favorable.

Caenina, Antemnes et Crustumérium, et l'on fut obligé de convenir qu'il fallait se passer des Sabins.

Romulus appela au combat.

Les trois villes se préparèrent à la guerre. Mais à Caenina, la pression populaire était si forte qu'on ne sut attendre les autres cités pour monter au combat. Des soldats se jetèrent sur des bergers isolés et saccagèrent une partie du territoire éloignée de la ville. Romulus, rapidement prévenu, appela au combat. Grâce à l'organisation de la cité, la mobilisation fut rapide. Les Romains sortirent à l'improviste et tombèrent sur des Caeniniens mal préparés. Ils s'emparèrent d'un camp que les ennemis n'avaient pas fini de dresser et les mirent en fuite. La poursuite s'engagea et les conduisit à quelques lieues[1] de la ville

1. Lieue, *n. f.* : mesure de distance d'environ 4 km.

de Caenina où les Romains exterminèrent un grand nombre de leurs ennemis. Romulus tua de ses propres mains le roi du lieu et le dépouilla[1] de ses armes.

Puis il entra dans la ville qui ne savait encore rien de la défaite des siens et n'avait rien fait pour se protéger ni défendre ses portes. Il se fit remettre les armes et prit en otages quelques enfants pour éviter toute rébellion.

De retour à Rome, il rencontra les troupes de la deuxième ville, Antemnes, qui s'étaient enfin décidées à se mettre en guerre. Elles étaient arrivées après la bataille et s'affairaient à piller les victimes du premier combat. Leurs soldats payèrent pour la plupart cette infamie[2]

1. Dépouiller, *v. tr.* : 1 - ôter, arracher. 2 - dévaliser, voler.

2. Infamie, *n. f.* : déshonneur, honte.

de leur vie, n'ayant pas eu le temps de se préparer à la charge des Romains qui fut aussi brutale qu'inattendue.

Il tua de ses propres mains le roi du lieu.

À l'issue de cette deuxième victoire, les troupes romaines rentrèrent, chargées des armes de leurs ennemis et de magnifiques pièces de butin qui furent offertes aux dieux. Ce retour glorieux et cette marche dans la ville, au milieu des vivats[1] du peuple entier rassemblé, furent appelés triomphe.

Romulus s'avançait solennellement en fin de cortège, vêtu de pourpre[2], la tête couronnée de lauriers, entouré de toute l'armée. Partout on déclamait des vers et on chantait des hymnes en l'honneur de ce grand chef, ainsi que

1. Vivat, *n. m.* : acclamation en l'honneur de quelqu'un.

2. Pourpre, *n. m.* : étoffe teinte en rouge vif, symbole de richesse ou d'un haut rang social.

des dieux. Cette procession de victoire devint par la suite une coutume pour les généraux et les rois.

Le vainqueur déposa les armes du roi vaincu en un lieu qu'il consacra à Jupiter Férétrien, avec le projet de lui élever un temple dès que possible.

Puis, avec l'accord du sénat, il appela au forum, lieu des grandes discussions publiques, les femmes romaines qui avaient jadis appartenu aux deux cités vaincues. Elles pleuraient de colère et de douleur, ayant appris ce qui était arrivé à certains de leurs parents.

Romulus leur tint ce discours :

– Femmes, citoyennes de Rome ! Vous pleurez à juste titre certains de vos proches, mais c'étaient des soldats, et ils sont morts au combat. Nous leur avions tendu une main fraternelle qu'ils

Le vainqueur déposa les armes du roi vaincu en un lieu qu'il consacra à Jupiter Férétrien.

Les villes vaincues devinrent des colonies de Rome.

ont refusée. Toutefois, eu égard à votre bonté, femmes romaines, nous ne maltraiterons en aucune façon ces populations. Votre attitude avec vos maris a été exemplaire. Ainsi, vos parents des cités vaincues ne seront privés ni de leur liberté, ni de leurs biens.

Réconfortées, elles quittèrent le forum.

Les villes vaincues devinrent des colonies de Rome. Leurs habitants avaient le loisir de venir vivre à Rome ou de rester chez eux, comme ils le désiraient.

Restait la troisième ville, Crustumérium. Isolée après la défaite des précédentes, elle fut prise sans peine par des Romains en plus grand nombre que jamais et fut traitée comme les autres, sans cruauté, devenant une nouvelle colonie romaine. Le résultat de ces guerres fut plutôt inattendu : la nouvelle de la clémence de

Romulus envers ses ennemis vaincus traversa toute la région et il y gagna beaucoup en renommée. Cela amena à Rome un second flux de personnes fuyant les dictatures, comme on en trouvait beaucoup dans les environs.

Et la ville s'en trouva grandie.

Romulus préparait ses troupes.

LA VENGEANCE DES SABINS 10

CELA n'arrangeait pas les affaires des Sabins qui commençaient à regretter amèrement d'avoir laissé traîner les choses. Quand ils se réveillèrent, Rome n'était plus la petite ville du début, que l'on pouvait espérer enlever en quelques heures. C'était maintenant une noble et fière cité. Il était temps d'agir.

Romulus le savait. Il préparait ses troupes.

Tatius, roi de Cures, la plus importante ville en territoire sabin, envoya d'abord une ambassade, demandant réparation. Celle-ci n'ayant obtenu aucun résultat, on pouvait s'attendre à un début des hostilités[1].

Il n'en fut rien. Aucun mouvement de troupes à l'horizon. Les jours passèrent, puis les semaines, puis les mois. La surveillance se relâchait. On pensait que Tatius avait abandonné son projet.

La bataille faisait rage.

Or, un matin, Romulus fut réveillé par des cris.

C'était pour lui annoncer que non seulement la ville était assiégée, mais que les ennemis étaient entrés on ne savait trop comment dans la plus importante place forte, celle qui renfermait la plus grande partie du matériel de guerre, et qui dominait la ville ! Impossible de les déloger[2] ! Les citoyens, surpris, affluaient, mal

1. Hostilités : ensemble des actions de guerre.

2. Déloger, *v. tr.* : faire sortir quelqu'un du lieu qu'il occupe, chasser.

réveillés, mal équipés, et avaient toutes les peines à se ranger pour monter à l'assaut.

L'arrivée du roi redonna quelque courage aux troupes qui pliaient sous la charge. Mais il ne parvint pas à se débarrasser de l'ennemi. La bataille faisait rage, et des morts tombaient en grand nombre des deux côtés. Le combat généralisé avait lieu dans un vaste espace qui semblait avoir été créé pour cela. Le peuple y assistait du haut des remparts, encourageant les siens. Les deux lignes s'avançaient l'une contre l'autre, se combattaient, mais la nuit les surprit sans qu'aucun des deux camps eût la certitude de la victoire.

Les jours suivants, on pansa les blessés, on fit des funérailles aux nombreux morts et on chercha des troupes fraîches.

Nous n'avons pas choisi d'être enlevées...

Puis il y eut une seconde bataille, encore plus farouche que la première. Les Romains pensaient l'emporter lorsqu'un certain Mettius Curtius réussit à dynamiser les troupes sabines, et la réussite changea de camp. On crut un moment que les Romains allaient capituler[1]. Mais à cette dernière extrémité, Romulus eut un sursaut d'énergie et parvint à repousser Mettius jusque dans un marais où celui-ci s'enfonça sous le poids de son lourd équipement. Hélas, le roi romain, à peine avait-il repris le dessus, fut personnellement blessé par un projectile et ce fut la débandade[2].

Mettius, miraculeusement sorti de son marais, revint au combat. Romulus,

1. Capituler, *v. intr.* : rendre les armes.

2. Débandade, *n. f.* : le fait de se disperser rapidement et en tous sens, déroute.

rapidement guéri, également. Il y eut encore des attaques et des revers. Cela n'en finissait pas. La guerre s'éternisait, cruelle, horrible.

C'est alors que les femmes de Rome, sabines pour la plupart, se rassemblèrent autour de l'une d'entre elles, Hersilia. Après avoir discuté sur les moyens de rétablir la paix, elles se rendirent au sénat et demandèrent aux pères conscrits l'autorisation de rejoindre leurs compatriotes au combat.

...et nous voici bien malgré nous la cause d'une guerre.

– Nous n'avons pas choisi d'être enlevées et pourtant nous voici bien malgré nous la cause d'une guerre. Aussi, laissez-nous libres de traiter l'affaire comme nous l'entendons.

Ayant obtenu satisfaction, elles se rendirent sur le champ de bataille, accompagnées de leurs enfants, vêtues

Nos enfants sont aussi vos enfants...

d'habits de deuil. Elles atteignirent le camp sabin, pleurèrent, se jetèrent aux pieds de tous ceux qu'elles rencontraient, priant, se lamentant, et nul dans le camp ne put retenir ses larmes.

– Pourquoi êtes-vous venues ici ? demanda le roi des Sabins. Ne voyez-vous pas que vous et vos enfants, vous êtes en grand danger ?

– Nos enfants sont aussi vos enfants, ne l'oubliez pas ! répondit Hersilia. Le plus grand danger, n'est-ce pas de vous laisser mener cette guerre atroce et stupide ? Faut-il que nous perdions nos pères deux fois ? Pour ces enfants, mieux vaut mourir que de rester orphelins.

Émus de compassion[1], les Sabins tinrent conseil et se résolurent à demander

1. Compassion, *n. f.* : pitié.

la paix. Et Romulus l'accepta avec joie. Tous reconnurent qu'ils étaient parents les uns des autres, et que par les femmes les deux peuples avaient été liés.

Ils acceptèrent cette union.

Les deux peuples devinrent un seul peuple.

... ne l'oubliez pas !

*Il n'y
avait plus
désormais
qu'une seule
capitale,
Rome.*

L'ÉPIDÉMIE 11

Les deux peuples s'étant unis, il n'y avait plus désormais qu'une seule capitale, Rome. Romulus et Tatius y demeuraient tous les deux, mais dans des palais différents, Romulus sur le mont Palatin et Tatius sur le Quirinal, une colline qui venait d'être annexée et qui maintenant faisait partie de la ville.

Leur premier souci fut d'agrandir en déboisant le Capitole et en asséchant les marais.

Puis ils bâtirent des temples aux dieux qu'ils avaient coutume d'honorer. Pendant cinq ans, ils vécurent en bonne entente, et la ville tirait grand profit de la paix revenue.

La prospérité[1] s'était installée dans ses murs. Nul Romain, nulle Romaine ne regrettait sa vie d'autrefois, ni sa cité d'origine. Les enfants grandissaient, et il y avait suffisamment de filles pour ne plus risquer de nouvelles querelles.

Les Camériates déposèrent les armes.

Celles-ci survinrent d'une autre manière. La plupart des cités respectaient Rome, ou du moins sa force. Mais ce n'était pas le cas de Caméria. Celle-ci se livrait à des actes de brigandage sur le territoire romain. Les routes devenaient de moins en moins sûres et cela nuisait[2] aux échanges pacifiques entre plusieurs cités.

Au début, les Romains avaient exigé de Caméria qu'elle livre les vandales à

1. Prospérité, *n. f.* : richesse, abondance.

2. Nuire, *v.* : faire du tort.

la justice romaine. Mais Caméria refusait chaque fois. Les rois décidèrent de régler cette question par la force. Ils engagèrent leurs troupes en commun et s'avancèrent contre elle. Ils vainquirent une première fois leurs adversaires dans la plaine, en bataille rangée. Puis ils prirent d'assaut la ville et y entrèrent. Les Camériates déposèrent les armes et en dédommagement cédèrent un tiers de leur territoire qui passa sous tutelle romaine.

Quelques familles de Rome s'installèrent dans cette zone, où se trouvait une excellente terre, mais elles y furent maltraitées. Romulus et Tatius marchèrent à nouveau contre Caméria et elle fut vaincue une seconde fois. Les rois la dépouillèrent de tous ses biens qu'ils distribuèrent aux citoyens romains. On fit

Parmi les coupables se trouvaient des amis du roi Tatius.

de cette cité une colonie. Les habitants de Caméria qui le souhaitaient purent s'établir à Rome et les curies s'agrandirent d'environ quatre mille âmes.

Mais la cinquième année fut moins favorable.

Une poignée de Romains s'aventura sur le territoire d'une ville appelée Lavinium, dont ils malmenèrent quelques bergers. Ils s'approprièrent leurs troupeaux, volèrent des bijoux, pillèrent leurs biens et, devant la résistance de leurs victimes, furent conduits à commettre des meurtres.

Ce fut au tour de Rome de se voir réclamer les vandales pour un jugement équitable dans la cité lésée. Romulus, scandalisé par l'attitude de ses concitoyens, était tout acquis[1] à cette idée. Il

1. Acquis à : partisan d'une idée.

convenait de donner un châtiment exemplaire. Malheureusement, parmi les coupables, se trouvaient quelques amis du roi Tatius. Celui-ci se mit en colère et refusa de les livrer.

Celui-ci se mit en colère et refusa de les livrer.

Les ambassadeurs, déçus et irrités, prirent le chemin du retour. Des Sabins mal intentionnés les suivirent, les dépouillèrent sur la route, et en massacrèrent plus de la moitié. Quand il apprit cela, Romulus fut horrifié. Comme le Sabin ne voulait rien entendre au sujet de cette affaire, le Romain fut bien obligé de se saisir des assassins et de les remettre, enchaînés, aux quelques ambassadeurs qui avaient survécu.

Tatius accusa Romulus de lâcheté, et envoya une nouvelle troupe contre ces infortunés ambassadeurs qui furent une nouvelle fois attaqués et obligés de

rendre leurs prisonniers. Cela excéda[1] les populations qui tramèrent[2] un complot.

Un jour que Tatius et Romulus se rendaient dans un temple, à Lavinium, Tatius fut poignardé à mort par les conjurés[3]. Son corps fut ramené à Rome et reçut une digne sépulture. Les assassins furent arrêtés. Pour leur défense, au jour de leur procès, ils dirent qu'ils n'avaient fait que répondre à la violence par la violence. Et Romulus dut convenir qu'ils avaient raison. Ils furent relâchés.

On eut bientôt le sentiment, à Rome, que cette affaire avait déplu aux dieux et qu'ils retiraient leur bienveillance. Romulus eut beau offrir sacrifice sur

1. Excéder, *v. tr.* : irriter, énerver.

2. Tramer, *v. tr.* : élaborer, mettre au point.

3. Conjuré, *n.* : membre d'un complot.

sacrifice, voici qu'un mal étrange se développait dans la ville, parcourait les rues, s'arrêtait à presque toutes les maisons. Un fléau[1] terrible. Une colère des dieux, assurait-on. C'était la peste.

Un fléau terrible, une colère des dieux. La peste.

Chaque jour apportait son contingent[2] de morts, et leur nombre allait en croissant. C'est ainsi que, peu à peu, la cité fière sombra dans le désespoir.

Caméria, la cité rebelle, pensa que l'heure de la vengeance avait sonné. Rome affaiblie serait bien incapable de venir en aide aux colons des terres éloignées, et elle s'employa à les chasser pour récupérer son territoire. Ceux qui tentèrent de résister furent exterminés, les autres quittèrent la région.

1. Fléau, *n. m.* : catastrophe, désastre.

2. Contingent, *n. m.* : part, lot, quantité.

Il adressa une prière aux dieux.

Dès qu'il apprit la nouvelle, Romulus fit sonner le rappel de ses troupes valides. Les rangs étaient décimés[1] par la maladie. Alors, devant tous, il adressa une prière aux dieux, réclamant un geste envers une ville qu'ils avaient auparavant tant choyée. Et l'armée monta contre Caméria.

Les ennemis n'avaient pas misé sur une riposte aussi rapide. Leur ville n'était pas prête à supporter un tel assaut. Romulus pénétra en vainqueur dans la ville, fit mettre à mort les responsables de la rébellion, et confisqua une large portion de territoire qu'il distribua aux Romains.

Son retour à Rome eut l'allure solennelle de ce que désormais on appelait un

1. Décimer, *v. tr.* : faire mourir en grand nombre.

triomphe. C'était le second du genre, et la ville se précipita pour voir défiler les vainqueurs. Ils avaient si fière allure que le peuple, se sentant libéré de ses souffrances, explosa de joie. Il était clair aux yeux de tous que les dieux avaient de nouveau tourné les regards vers eux, qu'ils avaient effacé leur faute, et qu'ils pardonnaient.

Rome était encore Rome, et sa gloire irait toujours en grandissant.

Le soleil était rongé petit à petit.

L'ÉCLIPSE 12

ROMULUS mena une troisième guerre contre une cité appelée Véiès et cela lui permit encore d'agrandir la ville. Puis la paix revint. Les cités les plus proches étaient placées sous tutelle[1], les plus éloignées respectaient Rome.

Toutes ces victoires avaient fait de Romulus un dieu aux yeux de ses concitoyens. Et, les années passant, son cœur s'enfla d'orgueil. Au début, il avait voulu des institutions[2] où chaque citoyen puisse trouver son compte. Rome se voulait une ville de liberté. Par

1. Tutelle, *n. f.* : être sous la dépendance de quelqu'un ou d'un État.

2. Institution, *n. f.* : structures sociales établies par la loi.

la suite, comme les richesses augmentaient, comme les dangers se faisaient moins pressants, la solidarité parut moins nécessaire. Elle réclamait trop d'efforts pour chacun. Le roi oubliait peu à peu ce qui avait fait la force de sa jeunesse. Il ne consultait presque plus jamais le peuple, n'écoutait plus les conseils du sénat.

Quand il rendait justice, ses sentences étaient de plus en plus cruelles. Et aussi, il avait perdu sa générosité. Lui qui jadis avait ouvert les bras à tous ceux qui se présentaient, maintenant établissait une différence entre les premiers Romains et ceux qui étaient venus par la suite. Il avantageait les premiers en toutes choses.

C'est sans doute ce qui explique la décision des dieux.

Un jour d'été, il y eut un phénomène si étrange que personne ne se souvenait d'en avoir vu un semblable. Il faisait beau. Le ciel était pur, et pourtant, peu à peu, alors qu'il était aux alentours de midi, il s'obscurcit.

Le roi appela sa garde personnelle et ils montèrent au Capitole pour observer ce signe totalement inhabituel. Le soleil était rongé petit à petit. Il n'en resta bientôt plus qu'un point éclatant qui disparut lui aussi. Alors ce fut la nuit sur la terre, la nuit en plein jour, et les populations étaient terrifiées. Tout le monde avait les yeux levés vers le ciel, Romulus comme les autres.

Mais les dieux n'éteignirent pas la lumière céleste[1] pour toujours. Passé un

1. Céleste, *adj.* : qui vient du ciel.

court moment, le soleil recommença à briller. Quand les soldats demandèrent à Romulus ce qu'il pensait de ce signe et quelle en était l'interprétation, ils virent que le roi n'était plus parmi eux. Ils le cherchèrent jusqu'au soir et ne le trouvèrent pas.

Pas plus que les jours suivants, ni jamais.

Romulus n'était pas mort, mais il avait cessé d'être un homme. Il n'était plus sur terre.

Le dieu Mars avait repris son fils, l'enfant qu'il s'était donné, car sa mission était accomplie : faire sortir d'un pré une ville au rayonnement universel, qui d'aventure en aventure traverserait les siècles et vivrait jusqu'à nous.

Table des matières

François Sautereau

est né à Paris d'une famille de musiciens.
Après avoir fait des études littéraires, il entre à la Poste
et s'occupe, entre autres, du service social.
Dix ans plus tard, il décide de se consacrer à la jeunesse ;
il devient directeur de centres de loisirs et animateur de théâtre.
Il a écrit de nombreux ouvrages pour les jeunes
et anime des ateliers d'écriture.
En 1979, il a reçu le Prix de la Ville de Paris
pour l'ensemble de son œuvre.

DU MÊME AUTEUR :

Aux éditions Nathan
dans Planète Lune :
Contes et Légendes de la naissance de Rome
(Contes et Légendes, 1994)
Racamiel et Rigobert (Pleine Lune,1995)
La montre infernale (Lune Noire, 1996)

Chez d'autres éditeurs :
La Cinquième Dimension (Hachette-Jeunesse, Livre de poche, 1979)
Les Indiens de la rue Jules-Ferry (Rageot, Cascade, 1982)
Les Kilos en trop (Bayard, Je bouquine, 1986)
La Vallée des esprits (Rageot, Les Maîtres de l'aventure, 1988)
Prix de la Jeunesse et des Sports 1987
La Forteresse de la nuit (Rageot, Les Maîtres de l'aventure, 1989)
Classe de Lune (Rageot, Cascade, 1989)
La Petite Planète (Milan, Zanzibar, 1989)
La Fontaine maléfique (Rageot, Les Maîtres de l'aventure, 1990)
L'Héritier de la nuit (1985 ; réédition Kid-Pocket, 1994)
Terminal Park (Flammarion, Castor poche, 1997)

Fred Jacquet

INFLUENCE
La littérature.

AMOUR
La nature.

HAINE
La vulgarité.

PARCOURS
Entre des images.

ENVIE
Revivre au XVIe siècle.

DANS LA MÊME COLLECTION

Contes et Légendes des héros de la mythologie, Christian Grenier.
Contes et Récits des héros de la Rome antique, Jean-Pierre Andrevon.
Contes et Légendes - Les Métamorphoses d'Ovide, Laurence Gillot.
Contes et Légendes de la mythologie grecque, Claude Pouzadoux.
Contes et Récits des héros de la Grèce antique, Christian Grenier.
Contes et Légendes - L'Iliade, Jean Martin.
Contes et Légendes - L'Odyssée, Jean Martin.
Contes et Légendes - Les douze travaux d'Hercule, Christian Grenier.
Contes et Légendes de l'Égypte ancienne, Brigitte Évano.
Contes et Légendes du temps des pyramides, Christian Jacq.
Contes et Légendes de la mythologie celtique, Christian Léourier.
Contes et Légendes des Jeux d'Olympie, Brigitte Évano.
Contes et Récits des Jeux olympiques, Gilles Massardier.
Contes et Légendes des Vikings, Lars Haraldson.
Contes et Légendes des chevaliers de la Table ronde, Jacqueline Mirande.
Contes et Légendes du Moyen Âge, Jacqueline Mirande.
Contes et Récits des héros du Moyen Âge, Gilles Massardier.
Contes et Récits - Les grandes énigmes de l'histoire, Gilles Massardier.
Histoires et Récits de la Résistance, Christian Léourier.
Contes et Récits de Paris, Stéphane Descornes.
Contes et Récits de la conquête de l'Ouest, Christophe Lambert.
Contes et Légendes d'Afrique d'ouest en est, Yves Pinguilly.
Contes et Légendes - La Corne de l'Afrique, Yves Pinguilly.
Contes et Légendes d'Arménie, Reine Cioulachtjian.
Contes et Légendes de Bretagne, Yves Pinguilly.

Contes et Légendes de Provence, Jean-Marie Barnaud.
Contes et Légendes des fées et des princesses, Gudule.
Contes et Légendes des lieux mystérieux, Christophe Lambert.
Contes et Légendes de la peur, Gudule.
Contes et Récits des chevaux illustres, Pierre Davy.
Contes et Légendes des animaux magiques, Collectif.
Contes et Récits des héros de la montagne, Christian Léourier.
Contes et Légendes de la nature enchantée, Collectif.
Contes et Récits - Icare et les conquérants du ciel, Christian Grenier.
Contes et Légendes - Barberousse et les conquérants de la Méditerranée, Claire Derouin.
Contes et Légendes du Loup, Léo Lamarche.
Contes et Légendes des Mille et Une Nuits, Gudule.
Contes et Récits des pirates, corsaires et flibustiers, Stéphane Descornes.
Contes et Légendes des Fantômes et Revenants, Collectif.
Contes et Récits du Cirque, Laurence Gillot.
Contes et Légendes de l'Amour, Gudule.
Contes et Récits - Alexandre le Grand, Dominique Joly.
Contes et Récits - Rois et Reines de France, Brigitte Coppin.
Contes et Légendes des Mille et Un Jours, Sarah K.
Contes et Légendes des Elfes et des Lutins, Gudule.
Contes et Légendes des Cités et des Mondes disparus, Anne Jonas.
Contes et Légendes des Sorcières, Léo Lamarche.
Contes et Légendes des Ogres et des Géants, Gudule.
Contes et Légendes des Sept Merveilles du Monde, Anne Pouget.

N° d'éditeur : 10166157
Dépôt légal : janvier 2010
MAME Imprimeurs à Tours (n° 03072316)
Loi n° 49 956 du 16 juillet 1949
sur les publications destinées à la Jeunesse
ISBN 978-2-09-282248-7
Imprimé en Espagne par Rodesa

Claire Goulet-Houix

LA FONDATION DE ROME

Légende et Histoire

D'OÙ VIENNENT

D'après la tradition, Rome fut fondée par Romulus en 753 avant J.-C. La légende que vous venez de lire est de Denys d'Halicarnasse, mais d'autres auteurs anciens l'ont aussi racontée. Tous ont vécu au Ier siècle avant J.-C., soit sept cents ans après les événements qu'ils racontent !

- CICÉRON : il fut le premier avocat de Rome. Il décrivit la fondation de Rome dans *La République*.

- VIRGILE : ce poète romain est l'auteur de l'*Énéide*, une épopée à la gloire de l'empereur Auguste : celui-ci devait réaliser le destin grandiose de Rome que les dieux avaient prédit au prince troyen Énée.

- TITE-LIVE : cet écrivain était un admirateur de la République romaine. Il raconta son histoire

Les hommes ont toujours essayé de connaître leurs origines. Comme ils avaient peu de moyens scientifiques, ils les ont éclaircies par des légendes. Les Grecs, par exemple, possédaient de très nombreux mythes pour expliquer la naissance du monde, le cycle des saisons... Les Hébreux racontent dans *La Bible* que c'est Dieu qui a créé le monde et les hommes et qu'ils sont liés à lui

CES LÉGENDES ?

dans un ouvrage monumental, *Histoire romaine*.

- DENYS D'HALICARNASSE : cet historien grec vivait à Rome, et il écrivit pour des Grecs l'histoire de sa ville d'adoption dans les *Antiquités romaines* : il voulait leur montrer qu'en fait Rome, depuis ses origines, était grecque, même si elle l'ignorait !

- PLUTARQUE : ce philosophe et biographe grec raconta la vie d'hommes célèbres, romains ou grecs. Ainsi, il écrit une *Vie de Romulus*.

par une alliance sacrée et éternelle. Mais les légendes de la fondation de Rome veulent expliquer au monde que la ville mérite son destin unique.

Aux yeux du peuple romain, un grand homme – comme Jules César ou l'empereur Auguste, pour ne citer que les plus célèbres – a nécessairement été remarqué dès sa naissance par des signes extraordinaires, des *omina*, qui annoncent son avenir prestigieux. Il est prédestiné. De même Rome, étant donné son rayonnement sur le monde depuis la Gaule jusqu'à l'Orient, doit montrer dès sa naissance qu'elle aura un avenir hors du commun et qu'elle est protégée des dieux. Les hommes politiques au pouvoir ont eux-mêmes encouragé cette façon de voir l'histoire. Il fallait impressionner les pays conquis et les convaincre de la suprématie de Rome, non seulement militaire et économique, mais aussi culturelle.

LA FONDATION DE ROME :

Les Romains ont toujours été en rivalité avec les Grecs, qui leur auraient tout apporté en histoire, culture et religion.

La guerre de Troie

L'*Iliade,* épopée du poète grec Homère, décrit la guerre qui eut lieu au XIIe siècle av. J.-C. entre Troie et les Grecs. Ils voulaient reprendre Hélène, l'épouse de leur chef Ménélas, au jeune Troyen Pâris qui l'avait enlevée. Au terme d'une guerre longue et sanglante, Troie tombe aux mains des Grecs.

Le prince troyen Énée réussit à s'enfuir avec son père Anchise, son fils Ascagne et quelques compagnons. C'est le début d'un très long voyage, l'*Énéide:* qui a été conté par Virgile.

Énée s'enfuit de Troie portant son père Anchise

Le voyage d'Énée

Comme Ulysse, le héros grec de l'*Odyssée* d'Homère, Énée fait un périple semé de nombreux dangers dans toute la Méditerranée ; mais si Ulysse cherche simplement à rentrer chez lui après la guerre, Énée est en quête d'une nouvelle patrie où fonder une ville qui éclipsera la nation grecque.

UNE REVANCHE SUR LA GRÈCE

Énée parvient enfin sur les rivages du Latium en Italie. Là, il est accueilli par le roi local, Latinus, qui lui donne en mariage sa fille Lavinia. C'est pourquoi le nom de la ville fondée par Énée est Lavinium.

À son tour, Ascagne, le fils d'Énée, fonde Albe la Longue, sur une pente des monts Albins. Douze rois lui succèdent pacifiquement pendant quatre siècles, jusqu'à ce que Numitor, le treizième roi, soit écarté du trône par son frère Amulius, jaloux et belliqueux. C'est là que commence ce livre…

Romulus hérite donc d'un passé légendaire et glorieux. Il est, comme son ancêtre Énée, le protégé des dieux, et surtout il a pour destin de fonder et d'organiser une ville à l'avenir grandiose. Grâce à lui, Troie, la ville d'Énée, n'a pas été complètement vaincue, et la fondation de Rome est une revanche éclatante sur les Grecs autrefois vainqueurs.

Énée racontant les malheurs de Troie à Didon (fragment)

LÉGENDE ET RÉALITÉ

Fouilles archéologiques

LE DOUTE DES HISTORIENS

Pendant très longtemps, on a considéré que la légende de Rome était vraie. Mais au XXe siècle les historiens se mirent à prendre les récits légendaires pour des inventions, de belles histoires imaginées après coup par les Romains.

LA SCIENCE AU SERVICE DE LA VÉRITÉ

L'ARCHÉOLOGIE, « l'étude *(logos)* des choses anciennes *(archéos)* », consiste à faire des fouilles dans un terrain afin de mettre au jour des habitations, des sanctuaires, des nécropoles contenant un mobilier funéraire, voire des ossements.

Grâce à la **STRATIGRAPHIE**, on peut dater la construction et l'occupation des lieux. On creuse le sol de façon qu'apparaissent en coupe verticale les différentes couches, ou *strates*, de construction des monuments. L'étude des objets retrouvés permet de se faire une idée sur le mode de vie et les croyances des hommes d'alors.

Sarcophage illustrant une scène de funérailles

LES FOUILLES ARCHÉOLOGIQUES

LE SANCTUAIRE : c'est un espace réservé aux dieux, comprenant un ou plusieurs temples, ainsi qu'un terrain sacré où se dressent des autels devant lesquels on sacrifie des animaux en l'honneur de la divinité.

LA NÉCROPOLE : ce mot d'origine grecque (***nécros*** : mort, ***polis*** : ville) signifie « la ville des morts ». C'est un cimetière regroupant plusieurs tombes, en forme de monuments, ou bien souterraines. Il est situé à l'extérieur de la ville, afin que les morts reposent en paix.

LE MOBILIER FUNÉRAIRE : parce qu'on croyait qu'après la mort les défunts continuaient à mener une vie propre, on plaçait auprès d'eux dans les tombes tous les objets nécessaires au quotidien, comme de la vaisselle, des outils, des œuvres d'art, des armes pour les hommes et des bijoux pour les femmes. Tout ce mobilier nous aide à comprendre des civilisations aujourd'hui disparues.

L'ÉPIGRAPHIE est l'étude des inscriptions (*graphè*) gravées sur (*épi*) des objets très divers. On peut lire sur des tombes le nom du mort, ou sur des monuments la date et le motif de la construction, ou encore sur des objets offerts à une divinité, tels des vases ou des statues, des mots de remerciements pour une prière exaucée...

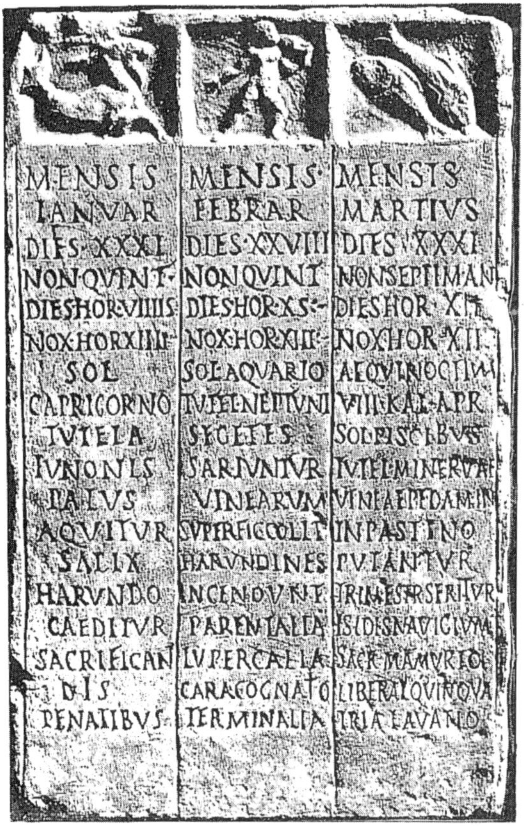

Stèle gravée : calendrier

L'HISTOIRE DES RELIGIONS s'intéresse tout particulièrement aux fêtes et aux cultes des dieux décrits par les auteurs anciens. Cette science a fait des progrès extraordinaires grâce à un grand savant de notre siècle, Georges Dumézil. Il a eu l'idée de comparer les mythes et les pratiques par lesquelles on honorait les dieux chez des peuples très différents, comme les Grecs, les Romains, les Germains ou les Hindous, qu'on appelle les peuples indo-européens. Il s'est aperçu que les religions

Scène de sacrifice devant un temple

de tous ces peuples étaient bâties sur un même modèle : trois dieux principaux représentent les trois grandes catégories de la société. Par exemple, chez les Romains, Jupiter représente les rois-prêtres, Mars les guerriers, Quirinus les producteurs (les paysans et les artisans).

Toutes ces sciences, qui sont de véritables enquêtes sur les indices que nous a laissés le passé, nous aident à mieux comprendre l'histoire primitive de Rome.

Rome fut d'abord un village

Des cabanes en forme de huttes ont été retrouvées sur le mont Palatin, une des sept collines de Rome : elles datent de l'époque de la fondation légendaire de Rome. On les appelle les « cabanes de Romulus ».

À cette époque, la future Rome était formée de villages de pasteurs, établis sur des collines près d'un point d'eau, le Tibre. Son accès était difficile : les pentes des monts sont très abruptes, au point que le Capitole formait une citadelle naturelle, une *arx*, qui protégeait les hommes qui y vivaient.

Les Étrusques

Au VIIe siècle av. J.-C., un siècle plus tard, l'Italie du centre fut soumise à l'influence d'un peuple voisin puissant et organisé : les Étrusques. Ils étaient maîtres dans l'art de fonder et d'organiser des villes, d'assécher ou d'irriguer les terres

pour les cultiver. Leur civilisation était la plus développée du Latium : leur art était raffiné, leur religion structurée, ils avaient une écriture que les Romains leur emprunteraient. D'ailleurs, les Anciens eux-mêmes disaient que Romulus avait fondé Rome « selon le rite étrusque » !

Les Romains ont donc parlé de Rome comme si elle avait été fondée par Romulus, alors qu'en réalité les Étrusques ont donné une organisation à des villages qui existaient déjà. Ce sont eux qui ont fait de Rome une ville.

Les découvertes archéologiques

Très récemment, des fouilles ont été menées sur le mont Palatin, lieu mythique où Romulus et Rémus enfants auraient été rejetés par le Tibre en crue et où, plus tard, Romulus aurait tracé le sillon qui délimite une ville lors de sa fondation.

On a découvert, sous des habitations et des murs d'époque plus récente, les traces d'une palissade longeant la colline à la manière d'une fortification.

Romulus, Rémus et la louve

Fresque de Pompéi.

Elle a été datée de façon certaine du VIIIe siècle av. J.-C. ! Cela signifie qu'on aurait retrouvé le sillon creusé par Romulus, sur lequel fut construite la première enceinte de Rome.

Cette découverte remet tout en cause : Rome n'aurait donc pas été organisée, formée par les Étrusques, mais véritablement fondée comme l'affirme la légende ? Les historiens et les archéologues continuent à chercher.

LA REL

La religion est au cœur de la vie quotidienne des Romains, au cours des cérémonies officielles ou en privé.

Les croyances anciennes

Les Romains ont toujours conservé des croyances très anciennes

comme le culte de Vesta, déesse du foyer, et des rites archaïques.

Par exemple, une fois par an, sur le mont Palatin, dans une grotte, avaient lieu les fêtes Lupercales, en l'honneur du dieu Lupercus :

on sacrifiait un bouc, on coupait sa peau en lanières et des hommes vêtus de peaux de chèvre couraient sur le Palatin et frappaient avec ces lanières tous ceux qu'ils rencontraient. Ce rite, même s'il n'était pas très bien compris par les Romains eux-mêmes, protégeait la grotte où, d'après la légende, la louve aurait nourri Romulus et Rémus.

L'INFLUENCE ÉTRUSQUE

La légende raconte que Romulus traça un sillon dans le sol pour délimiter la nouvelle ville. Cette pratique est étrusque : on prend les auspices, on trace l'enceinte sacrée, le *pomoerium*, avec le soc d'une charrue. L'espace de la ville ainsi formé sera sacré, parce que l'ouverture pratiquée dans la terre met le monde des hommes en contact avec le monde des dieux souterrains.
Rome est donc un territoire inviolable, pur ; il sera toujours interdit d'y pénétrer avec des armes, sauf lorsqu'un général vainqueur défile en triomphe.

Arc de triomphe

Les rites étrusques

Les auspices : ce sont les signes divins que l'on voit dans le ciel, comme le vol des oiseaux, les éclairs, la foudre. Des prêtres étaient chargés de les observer et de les interpréter, car à chaque moment de la vie publique – fondation d'une ville, vote d'une loi ou déclaration de guerre –, on devait consulter les dieux. Ces prêtres portaient le nom d'**augures** et se reconnaissaient à leur long bâton courbe, ***le lituus.***

Les haruspices : ces prêtres étrusques étaient spécialisés dans l'observation des entrailles des animaux sacrifiés, en particulier du foie. On croyait que le foie était le siège de la vie et représentait le monde des dieux. Les prêtres donnaient les présages selon la forme, la couleur ou la texture des différentes parties du foie.

Haruspice consultant les entrailles d'un taureau, détail (col. Borghese)

Les dieux grecs

Les Romains adoptèrent les dieux et les mythes grecs, mais plus tard, lorsqu'ils furent en contact avec ce peuple : c'est ainsi que, par exemple, Zeus est devenu Jupiter, Héra Junon, Arès Mars, Aphrodite Vénus.

Chaque divinité possédait un temple dans lequel était déposée sa statue, et des prêtres particuliers chargés de l'honorer en lui sacrifiant un animal. Cette cérémonie obéissait à des règles précises : La victime avait [redacted] la tête entourée de bandelettes, elle était d'abord aspergée de vin et d'encens, puis assommée et égorgée ; ensuite elle était brûlée.

Certains dieux étaient célébrés une fois par an avec grand faste à l'occasion de jeux, ***ludi,*** pendant lesquels on assistait à des représentations théâtrales, des courses de chars, des luttes et des combats de gladiateurs. Ces jeux duraient huit à quinze jours et étaient fériés : le peuple entier de Rome s'y rendait.

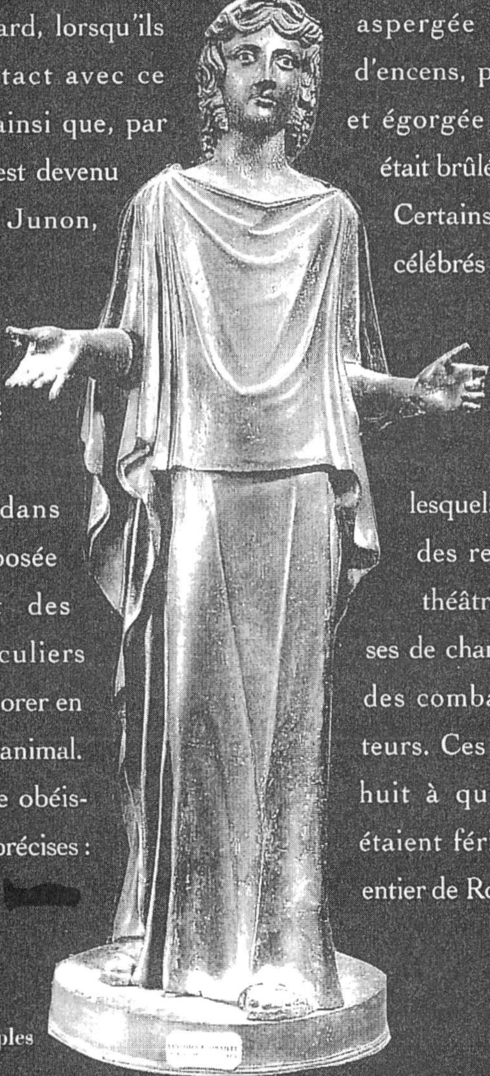

Geste de prière.
Orante. Bronze.
Musée arch. de Naples

La religion privée

Chaque famille possédait son dieu protecteur, le *Lar familiaris,* et les divinités protectrices du garde-manger, les Pénates. Avant chaque repas, on leur offrait un peu de la nourriture et de la boisson qu'on allait absorber.

Le père de famille avait un *Genius,* un ange gardien, qu'il priait régulièrement, en particulier le jour de son anniversaire. L'autel où on honorait ces divinités était placé au centre de la maison, dans l'*atrium.*

Les Romains honoraient aussi leurs ancêtres morts, les *Manes,* en leur offrant une fois par an un sacrifice, et en répandant sur leurs tombes des guirlandes, du blé mêlé de sel et du pain trempé dans du vin. Ils s'assuraient ainsi que les morts apaisés ne viendraient pas les tourmenter sous la forme de spectres.

Tous les moments de la vie des Romains étaient donc marqués par des fêtes, des prières, des sacrifices : pour être un homme et un citoyen honorable, il fallait avant tout ne pas offenser les dieux, se montrer pieux.

Crédits photographiques :
J.-L. Chaumet : 1 ; Roger-Viollet : 6 ; Arch. Nathan/Roger-Viollet : 4 ;
Arch. Nathan : 2, 3, 5, 7, 8, 9, 10, 11, 12 ; Arch. Nathan/D.R. : 13 ;
Arch. Nathan/ Giraudon : 14, 15, 16.